辽宁信息技术职业教育集团教学科研成果

辽宁省信息技术
优秀科研成果选编二

王雨华　丛书主编
王雨华　马　彪　主　编
　　　　阎卫东　主　审

北京理工大学出版社
BEIJING INSTITUTE OF TECHNOLOGY PRESS

内 容 简 介

为推进辽宁省职业院校教师科研实践水平，提升职业院校服务区域经济能力，辽宁信息技术职业教育集团组织开展了辽宁省职业院校教师科研成果评审，并对获奖教师进行表彰。为进一步鼓励教师积极参加科研实践，营造良好的科学研究氛围，集团对获奖科研成果择优编辑出版。

版权专有　侵权必究

图书在版编目（CIP）数据

辽宁省信息技术优秀科研成果选编. 二／王雨华，马彪主编. —北京：北京理工大学出版社，2019.7
ISBN 978-7-5682-7152-3

Ⅰ. ①辽⋯　Ⅱ. ①王⋯ ②马⋯　Ⅲ. ①信息技术–科技成果–汇编–辽宁　Ⅳ. ①G202

中国版本图书馆 CIP 数据核字（2019）第 120821 号

出版发行 / 北京理工大学出版社有限责任公司	
社　　址 / 北京市海淀区中关村南大街 5 号	
邮　　编 / 100081	
电　　话 / （010）68914775（总编室）	
（010）82562903（教材售后服务热线）	
（010）68948351（其他图书服务热线）	
网　　址 / http://www.bitpress.com.cn	
经　　销 / 全国各地新华书店	
印　　刷 / 北京虎彩文化传播有限公司	
开　　本 / 710 毫米×1000 毫米　1/16	责任编辑 / 朱　婧
印　　张 / 12	文案编辑 / 朱　婧
字　　数 / 230 千字	责任校对 / 周瑞红
版　　次 / 2019 年 7 月第 1 版　2019 年 7 月第 1 次印刷	责任印制 / 施胜娟
定　　价 / 54.00 元	

图书出现印装质量问题，请拨打售后服务热线，本社负责调换

编委会

主　编　王雨华　马　彪
主　审　阎卫东
副主编　徐　凯　刘　仁　郝大海
　　　　杨晶洁　张晓鹏　郝　颖
　　　　许　悦　孙　坤　朱　雷

  为推进辽宁省职业院校教师科研实践水平，提升职业院校服务区域经济能力，辽宁信息技术职业教育集团组织开展了辽宁省职业院校教师科研成果评审，并对获奖教师进行表彰。为进一步鼓励教师积极参加科研实践，营造良好的科学研究氛围，集团对获奖科研成果择优编辑出版。本书由辽宁建筑职业学院王雨华教授、马彪教授主编，沈阳建筑大学阎卫东教授主审。本项工作得到辽宁建筑职业学院、辽宁交通高等专科学校、沈阳职业技术学院、辽宁职业学院、辽宁水利职业学院、辽宁工程职业学院、辽阳职业学院等院校的支持，特别得到北京理工大学出版社的大力支持，在此表示感谢。

  由于水平所限，书中存在不足之处敬请读者批评指正。

目录
Contents <<< <<<

成果一　无纸化考试管理系统 ……………………………………………（1）
  一、项目背景 ………………………………………………………………（1）
  二、需求分析 ………………………………………………………………（2）
  三、功能描述 ………………………………………………………………（2）
  四、系统设计 ………………………………………………………………（3）
  五、系统主要功能实现 ……………………………………………………（9）
  六、系统的测试 ……………………………………………………………（23）

成果二　教师考核评价系统 ……………………………………………（25）
  一、需求分析 ………………………………………………………………（25）
  二、数据库设计 ……………………………………………………………（27）
  三、概要设计 ………………………………………………………………（33）
  四、详细设计 ………………………………………………………………（35）
  五、系统测试 ………………………………………………………………（48）

成果三　企业后台信息管理系统 ………………………………………（65）
  一、需求分析 ………………………………………………………………（65）
  二、概要设计 ………………………………………………………………（74）
  三、详细设计与实现 ………………………………………………………（95）
  四、系统测试与运行 ………………………………………………………（101）

成果四　综合布线技术在线考试系统 …………………………………（104）
  一、需求描述 ………………………………………………………………（104）
  二、性能分析 ………………………………………………………………（104）
  三、系统设计 ………………………………………………………………（105）
  四、模块说明 ………………………………………………………………（105）

成果五　基于 B/S 模式在线选课系统设计与实现 ……………………（120）
  一、项目背景 ………………………………………………………………（120）
  二、设计要求 ………………………………………………………………（121）
  三、系统总体设计 …………………………………………………………（122）
  四、系统详细设计与实现 …………………………………………………（126）

五、系统测试……………………………………………………（144）

成果六　辽宁工程职业学院科研管理系统……………………（147）

　　一、项目背景……………………………………………………（147）
　　二、性能分析……………………………………………………（147）
　　三、总体设计……………………………………………………（149）
　　四、具体设计……………………………………………………（150）
　　五、功能模块设计与实现………………………………………（158）

成果七　在线选课系统…………………………………………（169）

　　一、项目背景……………………………………………………（169）
　　二、需求描述……………………………………………………（169）
　　三、性能分析……………………………………………………（170）
　　四、系统构成……………………………………………………（170）
　　五、设计思路……………………………………………………（171）

成果八　基于化工原料定量混合控制系统的组态设计………（173）

　　一、项目背景……………………………………………………（173）
　　二、主要功能……………………………………………………（173）
　　三、设计要求……………………………………………………（175）
　　四、设计方案……………………………………………………（175）

成果九　考勤APP（Android端）………………………………（177）

　　一、项目背景……………………………………………………（177）
　　二、需求分析……………………………………………………（177）
　　三、架构设计……………………………………………………（178）

成果一　无纸化考试管理系统

完成单位：辽宁职业学院
完 成 人：刘　仁、张　航

一、项目背景

现今的时代是信息化的时代，更是充满竞争的时代，考试作为最有效测试人们知识水平的一种方式，在社会各行各业都有着广泛的应用。通过考试可以有效甄选出合格的人才，为组织长期发展提供人才保障。

但是传统考试方式从出题、组卷、印刷到试卷分发、答题、收卷、公布成绩，整个过程都需要人工参与，周期长、工作量大、容易出错，更受到地域的限制，这就使得组织整个考试的成本和难度大大增加。

本系统是主要针对企业、政府机构、教育单位而设计的新一代纯B/S架构通用网络考试系统，全面实现了考试工作的网络化、无纸化、自动化，极大地节省了人力、物力，也大大提高了效率和准确率。该系统可用于Internet和局域网在线考试，可以承载上千人的同时在线考试任务，而且对服务器的配置要求非常低，客户端不用做任何设置。通过强大的后台设置功能，用户可以根据自身需要设定考试功能，几乎能满足企业、政府机构、教育单位的所有需求。

针对辽宁职业学院教学考试管理的特点，提出教学考试管理必须具备的业务功能。主要工作有以下几点。

（1）根据对辽宁职业学院教务教学考试管理流程进行认真、仔细的调研与分析，对系统业务功能模块进行划分，并对这些业务功能模块进行详细设计。

（2）通过对各个业务功能模块需求进行分析与设计，结合当前较成熟的无纸化考试管理系统开发技术，以及辽宁职业学院自身教学考试的实际情况，确定了该系统主要是选用B/S架构、MVC设计模式，并且使用SpeedPHP框架技术、MySQL关系数据库进行系统设计。

（3）本系统实现的主要功能模块包括基础数据管理、学员管理、试题管理、考试管理、数据统计和用户管理等。

本系统目前应用于辽宁职业学院信息科技学院（分院）、中国农业银行铁岭分行员工培训、辽宁职业学院汽车驾驶员培训学校理论模拟等方面。

二、需求分析

1. 功能需求

（1）系统自动判断用户身份。包括管理员、教师、学员3种不同身份的用户，分别登录不同的界面实现不同的功能。

（2）试卷、试题在线添加且批量导入。系统管理员可以在线添加试卷及试题，且试题可以从Word等模式批量导入系统信息库。

（3）考场在线分配。为不同的科目自由分配考场，考生批量送入需要的考场考试。

（4）在线考试、答题。学员登录系统后，可根据系统提示进行在线答题。

（5）在线监控。即系统对影响用户权限的多种情况做出自我保护，确保系统安全、资料安全。

（6）以分数查询、数据统计。答题完毕后，学员、教师可实时查询当前考题或历史考试数据，并能以直观方式导出或者观看数据信息。

2. 性能需求

该系统应用场景一般是学校、培训机构、考证机构和大型企业内部培训，对系统性能要求都比较高。

（1）系统稳定。要求程序逻辑明确，使用时系统保持运行正常。

（2）信息安全。防止对系统信息和程序的恶意破坏。

（3）反应迅速。用户在试用考试系统时，要求界面反应迅速。

（4）操作简单。管理员在后台维护时，操作简单；教师在增删改查资料时，操作简单；学员在使用系统考试时，操作简单。

（5）该系统可支持上千人同时在线考试。

（6）考生和管理人员可以通过浏览器直接进行操作，无须安装任何程序或插件。

三、功能描述

系统主要分为用户访问控制和考试系统两大模块。访问控制模块主要对用户信息、班级、权限等进行控制。考试模块则对题库、试卷、试题、考卷等进行管理和操作。在线考试系统实现了对单选题、多选题、判断题、填空题、简答题、论述题以及上述各种题型组合而成的组合题型的支持，由基础题型的支持实现所有考试功能。

1. 系统模式介绍

进入系统分为3种模式，即系统管理员模式、教师模式、学员模式。

（1）系统管理员模式。凭安全密钥进入系统；对系统进行管理；设定各类人员的权限；查询统计等。

（2）教师模式。进入题库进行试题输入；设定试卷组成策略；试卷的新建、修改和删除；考场的分配和主观题的评卷等。

（3）学员模式。进入系统进行在线考试。

2. 系统功能模块

1）基础数据中心

（1）组卷分类管理。分别对手动选题和随机选题两种模式进行管理。

（2）考试分类管理。分别对考试的基本模式进行管理。

（3）题库分类管理。对考试题目的科目信息进行管理。

2）学员管理中心

（1）院系管理。对系统用户、教师和学生的部门或者院系等信息进行管理。

（2）班级管理。对系统用户、教师和学生的职务或者班级等信息进行管理。

（3）学生管理。对所有的考生信息的管理。

3）试题管理中心

分别对系统所支持的单选、多选、填空、问答、判断等题型的添加、修改、查询、删除、批量导入进行操作和管理。

4）考试管理中心

（1）试卷管理。对试卷的名称、组卷模式、所属科目题库、考试时间、添加、编辑、选题、删除、开启/关闭和预览等信息的操作与管理。支持考题的手工选取随机系统分配等模式。

（2）考场管理。对不同的考生分配各自的考试考场，和实际的考场无区别，支持批量放入考生、放入考卷、放入练习试卷、编辑、开启/关闭和删除等操作与管理。可为每一个考场分配评卷教师。

（3）考场监控。主要对进入考场的考生数量等信息进行监测。

（4）人工评分。对考生的主观题答题信息进行人工评分，不同的评卷教师可以评分自己相应的考场考生题目。

5）数据统计中心

可通过查询方式找到不同考场、不同考生的考试成绩信息，并最终查看或者导出相应成绩；支持考生重考功能。

6）用户管理中心

对系统的用户和角色信息进行操作和管理，对不同角色分配系统的操作权限。

四、系统设计

1. 系统总体设计

系统中的主要概念有题库、题型、试题、试卷、考场和考生。因此，系统的主要构成也就从这几个方面着手设计。

系统的功能结构如图1-1所示。

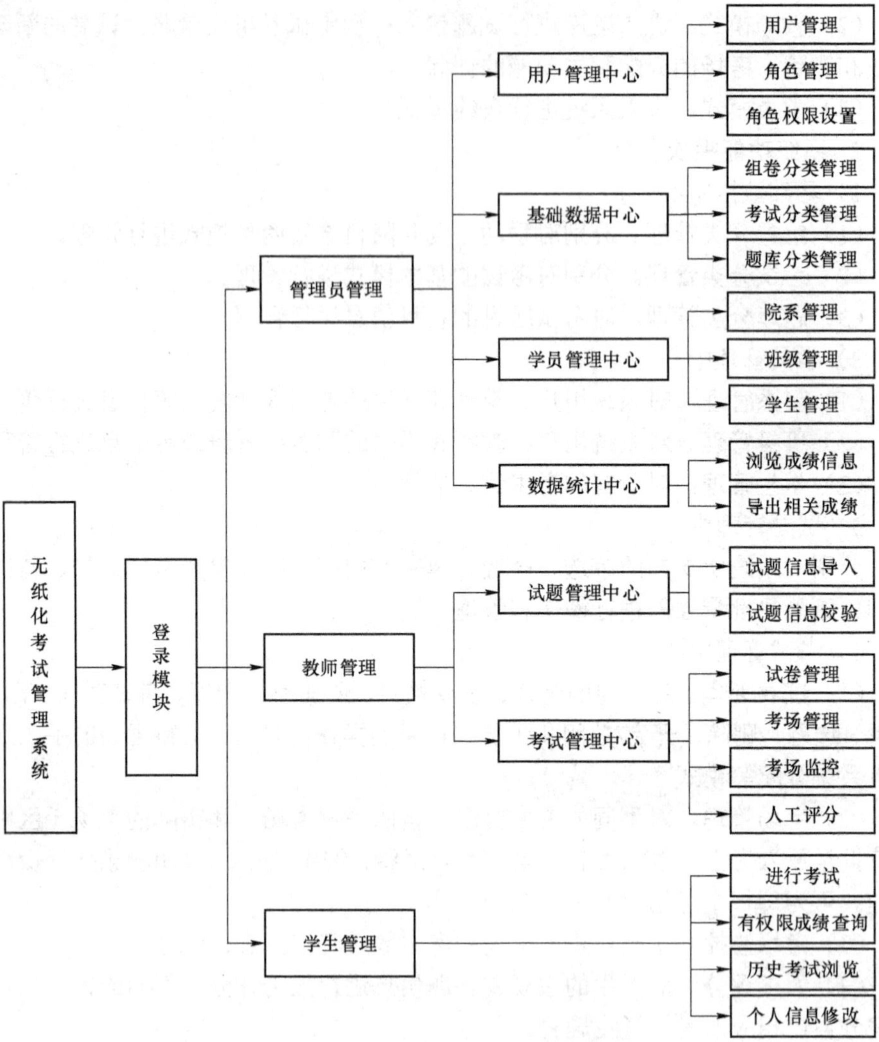

图 1-1 系统功能模块结构框图

创建试题库的意义在于根据科目创建试题，这样方便将不同科目的试题进行分类存储，有益于查找、使用等操作。

然后分析试题的类型，实际生活中有这几种，如：单选、判断、多选、填空、问答。前 4 种题型是可以通过判断自动打分的，后一种题型只能通过人工阅卷。

试题选项和答案以 Json 的形式保存在试题表中，主要考虑到这些选项并不常用，也很少有关于选项的查询，所以试题表不需要多余的选项表，试题在编辑和浏览操作时可以反序列化 Json 内容。最重要的是，当生成试卷时这些选项 Json 复制起来相当方便，这样可避免当试卷生成以后，试题被修改造成试卷逻辑混乱。

考场就和日常生活所分配的各种考试考场是一样的，系统的操作流程也遵循考场实际规则。

考生是参与考试的主体，考生通过后台添加或者导入的方式进入系统。考生有两种方式参加考试和练习。

2. 设计思想

该系统采用浏览器/服务器架构（Browser/Server 架构，B/S 架构），能够实现客户端"零维护"。系统服务端底层基于 SpeedPHP 框架，用户展现层采用先进的 AJax 异步通信和浏览器脚本技术，页面和后台执行数据交互操作时无刷新，使浏览器的用户界面体验非常接近桌面应用程序的水平，AJax 技术代表了 Web 应用系统的发展趋势。

B/S 结构的在线考试系统作为一种以专业题库为依托，以计算机网络技术为手段，以数据库为基础的，以浏览器为客户端的新型无纸化考试方式。考试业务没有本质的变化，仍然是出题、组织考试、考试、判卷、统计分析，但是考试方式产生了颠覆性的变化，使我们无论身处何地，在一个相对宽裕的时间段内，只要能接入互联网，就可以在线参加考试，无须千里奔波，无须担心考试迟到，还节省了考试费用。通过应用系统升级和扩展，在线考试系统还可以承担诸如在线学习和培训、根据考试结果进行绩效考核等附加任务。

3. 系统运行环境

从技术上进行分析，高可靠的系统应该兼顾到数据安全性、系统兼容性、系统易用性，同时考虑网络跨平台性和数据集中管理等。

本系统采用 B/S 架构，只需配置数据库服务器和 Web 服务器。客户通过浏览器就可访问服务器，客户经过简单的培训就可进行操作。系统运行环境要求如下。

（1）服务器配置，见表 1–1。

表 1–1　服务器端配置表

条件	组成	型号/版本
硬件要求	CPU	Intel E3–1220/Intel E5–2600
	内存	8 GB DDR3 RECC/16 GB DDR4 RECC
	硬盘	500 GB/1 000 GB
	其他	UPS 不间断电源、网络带宽 1 000 M
软件要求	操作系统	Windows 2008 Server 或 Windows Server 2010
	数据库	MySQL 5.3

（2）客户端配置，见表 1–2。

表1-2 客户端配置表

条件	组成	型号/版本
硬件要求	CPU	3.0 GHz 以上
	内存	4 GB 及以上
软件要求	操作系统	Windows 7、Windows 8 等
	浏览器	Internet Explorer 9.0 及以上版本

4. 系统主要部分数据库设计

系统所需各数据库结构见表1-3～表1-9。

表1-3 用户组信息表 my_user_groups

序号	字段	类型	属性	备注
1	GID	int(11)	Key	用户组ID，自增
2	g_name	varchar(32)		用户组名称
3	g_en_name	varchar(60)		英文用户组名
4	upid	varchar(32)		上一级用户组ID
5	g_describe	varchar(100)		用户组描述
6	aclstr	varchar(255)		用户权限串，英文，号分割

表1-4 权限控制信息表 my_user_acl

序号	字段	类型	属性	备注
1	AID	int(11)	Key	权限ID，自增
2	name	varchar(60)		权限名称
3	controller	varchar(60)		控制
4	action	varchar(60)		动作
5	g_en_name	varchar(60)		角色名称
6	mygroup	varchar(120)		权限分组

表1-5 用户信息表 my_user

序号	字段	类型	属性	备注
1	UID	int(11)	Key	学号，自增
2	username	varchar(32)		用户名
3	password	varchar(32)		密码

续表

序号	字段	类型	属性	备注
4	email	varchar(50)		邮箱
5	name	varchar(32)		真实姓名
6	phone	varchar(32)		电话
7	sex	tinyint(1)		性别
8	birthday	date		出生日期
9	is_check	boolean		审核状态
10	reg_datetime	datetime		注册时间
11	reg_ip	varchar(32)		注册 IP
12	opt_username	varchar(32)		操作用户
13	DID	int(11)		院系 ID
14	PID	int(11)		班级 ID
15	g_en_name	varchar(60)		角色名称
16	status	tinyint(1)		用户状态：1—禁用，0—解禁

表 1-6 学生信息表 my_student

序号	字段	类型	属性	备注
1	SID	int(11)	Key	序号，自增
2	username	varchar(32)		用户名/学号
3	password	varchar(32)		密码
4	email	varchar(50)		邮箱
5	name	varchar(32)		真实姓名
6	phone	varchar(32)		电话
7	sex	tinyint(1)		性别
8	birthday	date		出生日期
9	is_check	boolean		审核状态
10	reg_datetime	datetime		注册时间
11	reg_ip	varchar(32)		注册 IP
12	opt_username	varchar(32)		操作用户
13	DID	int(11)		院系 ID
14	PID	int(11)		班级 ID
15	status	tinyint(1)		用户状态：1—禁用，0—解禁
16	icon	varchar(100)		头像

表 1-7　试题信息表 my_test_main

序号	字段	类型	属性	备注
1	TQID	int(11)	Key	ID，自增
2	title	text		题干
3	ttype	varchar(35)		题型
4	CCID	Int(11)		题库分类ID
5	username	varchar(35)		创建户名
6	InputDatetime	datetime		创建时间
7	is_del	tinyint(1)		是否删除

表 1-8　试卷基础信息表 my_test_paper_base

序号	字段	类型	属性	备注
1	TPBID	int(11)	Key	ID，自动增加
2	title	varchar(200)	NOT NULL	试卷标题
3	CCID	int(11)	NOT NULL	所属科目ID
4	PCID	int(11)	NOT NULL	试卷分类ID
5	ECID	int(11)	NOT NULL	考试分类ID
6	starttime	datetime		开始时间
7	endtime	datetime		结束时间
8	answertime	varchar(30)		考试时间
9	passscore	float		通过分数占总分百分比
10	is_open	tinyint(2)		是否开放考试：1—开放，0—禁止
11	is_fixed	tinyint(2)		组卷类型：1—随机组卷，0—手动组卷
12	mode	tinyint(2)		试卷模式：0—考试卷，1—模拟卷
13	content	mediumtext		选定考题字符串，Json格式
14	username	varchar(35)		操作户名
15	inputdatetime	datetime		创建时间
16	updatedatetime	datetime		更新时间
17	is_open_score	tinyint(2)		是否公开成绩
18	is_open_score_pm	tinyint(2)		是否公开成绩排行

续表

序号	字段	类型	属性	备注
19	totalscore	float		总分
20	des	mediumtext		描述
21	is_protect	tinyint(2)		是否保护考卷：1—下载，0—保护

表1-9 考生答题信息表 my_exam_user

序号	字段	类型	属性	备注
1	ask_id	int(11)	Key	ID，自动增加
2	SID	int(11)		考生ID
3	TPBID	int(11)		考卷ID
4	room_id	int(11)		考场ID
5	user_askstring	mediumtext		考生答题存储串
6	user_fraction1	float		客观题得分
7	user_fraction2	float		主观题得分
8	user_allfraction	float		总分
9	user_ip	varchar(30)		答题IP
10	user_starttime	datetime		答题时间
11	user_endtime	datetime		交卷时间
12	user_examcounts	int(5)		考试次数
13	user_exampaper	mediumtext		考试题目存储串
14	user_examstatus	tinyint(1)		考试状态
15	is_pass	tinyint(1)		是否通过：1—通过，0—未通过
16	check_username	varchar(60)		评卷人
17	check_time	datetime		评卷时间
18	user_start_ask_time	datetime		考生本轮考试第一次开始考试时间
19	is_check	tinyint(1)		评分完成标志：1—完成，0—未完成

五、系统主要功能实现

1. 后台用户登录实现

后台用户登录界面如图1-2所示，提示输入用户名、密码，当输入正确后单击"登录"按钮就可以进入系统主界面，如图1-3所示。

图1-2 用户登录界面

图1-3 系统主界面

部分主要代码实现及说明如下：

```
//检测登录
function actionCheck(){
    $userobj=new User();
    if($info=$userobj->find(array('username'=>$_GET['username'],
'password'=>md5($_GET['password']))))){
        $_SESSION['uname20111214']=$_GET['username'];
        $_SESSION['urole20111214']=$info['g_en_name'];
        $result=array(
            'status'=>1,// 成功标志
            'message'=>'欢迎您使用efing在线考试系统!',// 提示信息
        );
    }else{
```

```
    $result=array(
        'status'=>0,// 失败标志
        'message'=>'用户名或密码输入有误!',// 提示信息
    );
}
echo json_encode($result);// 返回(显示)Json 结构
}
```

2. 用户角色管理的实现

用户角色管理界面如图 1-4 所示,其角色权限设置管理界面如图 1-5 所示。

图 1-4　用户角色管理界面

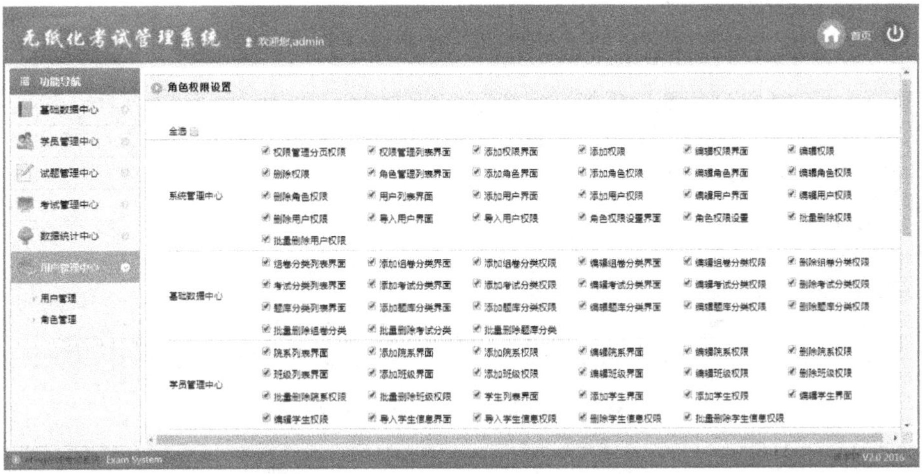

图 1-5　用户角色权限设置管理界面

部分主要代码实现及说明如下:

//权限设置页面

```
function actionAclPage(){
    $groupsObj=new Groups();
    $aclObj=new Acl();

    $this->id=isset($_GET['id'])?$_GET['id']:"";

    $this->acllist1=$aclObj->query("select * from my_user_acl where mygroup like '用户管理中心' and g_en_name='G_ADMIN' order by AID asc");
    $this->acllist2=$aclObj->query("select * from my_user_acl where mygroup like '基础数据中心' and g_en_name='G_ADMIN' order by AID asc");
    $this->acllist3=$aclObj->query("select * from my_user_acl where mygroup like '试题管理中心' and g_en_name='G_ADMIN' order by AID asc");
    $this->acllist4=$aclObj->query("select * from my_user_acl where mygroup like '考试管理中心' and g_en_name='G_ADMIN' order by AID asc");
    $this->acllist5=$aclObj->query("select * from my_user_acl where mygroup like '学员管理中心' and g_en_name='G_ADMIN' order by AID asc");
    $this->acllist6=$aclObj->query("select * from my_user_acl where mygroup like '数据统计中心' and g_en_name='G_ADMIN' order by AID asc");

    $info=$groupsObj->find(array('GID'=>(isset($_GET['id'])?$_GET['id']:"")));
    $this->acllist=explode(',',$info['aclstr']);

    $this->display("admin/groups/acl.html");
}
```

3. 试卷管理的实现

试卷管理的列表界面如图1-6所示，其新增试卷的界面如图1-7所示。

图1-6　试卷管理的列表界面

图1-7 新增试卷的界面

部分主要代码实现及说明如下：

```php
//预览试卷
function actionShowPaper(){
    $PaperBaseObj=new PaperBase();
    $radioObj=new Radio();
    $judgeObj=new Judge();
    $multiselectObj=new MultiSelect();
    $blankObj=new Blank();
    $shortObj=new Short();

    $id=isset($_GET['id'])?$_GET['id']:'';
    $this->id=$id;
    $paperinfo=$PaperBaseObj->find(array('TPBID'=>$id));
    $this->paperinfo=$paperinfo;

    $data= json_decode($paperinfo['content'],true);
    $this->radioinfo=$data[0];
    $this->judgeinfo=$data[1];
    $this->multiselectinfo=$data[2];
    $this->blankinfo=$data[3];
    $this->shortinfo=$data[4];
    //手动选题
    if($paperinfo['is_fixed']==0){
        //单选
        if($data[0]['shitistr']){
            $radio=$radioObj->query("select a.*,b.CCID from my_test_radio a,my_test_main b  where a.TQID=b.TQID and b.CCID='".$paperinfo
```

```php
['CCID'].'' and  a.TQID in(".$data[0]['shitistr']."0)");
            foreach($radio as $k=>$v){
                $iteminfo_tmp1[$k]['item']=json_decode($v['Item'], true);
                $iteminfo_tmp1[$k]['TQID']=$v['TQID'];
            }
            $this->iteminfo1=$iteminfo_tmp1;
            shuffle($radio);
            $this->radiodata=$radio;
        }else{
            $this->radiodata="";
        }
        //print_r($iteminfo_tmp1);
        //判断
        if($data[1]['shitistr']){
            $judge=$judgeObj->query("select a.*,b.CCID from my_test_judge a,my_test_main b where a.TQID=b.TQID and b.CCID='".$paperinfo['CCID'].''  and a.TQID in(".$data[1]['shitistr'].")");
            shuffle($judge);
            $this->judgedata=$judge;
        }else{
            $this->judgedata="";
        }
        //多选
        if($data[2]['shitistr']){
            $multiselect=$multiselectObj->query("select  a.*,b.CCID from my_test_multiselect a,my_test_main b where a.TQID=b.TQID and b.CCID='".$paperinfo['CCID'].''  and a.TQID in(".$data[2]['shitistr']."0)");
            foreach($multiselect as $k=>$v){
                $iteminfo_tmp3[$k]['item']=json_decode($v['Item'], true);
                $iteminfo_tmp3[$k]['TQID']=$v['TQID'];
                $iteminfo_tmp3[$k]['answer']=explode('、',$v['answer']);
            }
            $this->iteminfo3=$iteminfo_tmp3;
            shuffle($multiselect);
            $this->multiselectdata=$multiselect;
        }else{
            $this->multiselectdata="";
        }
        //填空
        if($data[3]['shitistr']){
```

```php
            $blank=$blankObj->query("select a.*,b.CCID from my_test_
blank a,my_test_main b where a.TQID=b.TQID and b.CCID='".$paperinfo
['CCID']."' and a.TQID in (".$data[3]['shitistr']."0)");
            foreach($blank as $k=>$v){
                //$iteminfo_tmp4[$k]['item']=json_decode($v['Item'],
true);
                $iteminfo_tmp4[$k]['TQID']=$v['TQID'];
                $iteminfo_tmp4[$k]['answer']=json_decode
($v['answer'],true);
            }
            $this->iteminfo4=$iteminfo_tmp4;
            shuffle($blank);
            $this->blankdata=$blank;
        }else{
            $this->blankdata="";
        }
        //简答
        if($data[4]['shitistr']){
            $short=$shortObj->query("select a.*,b.CCID from my_test_
short a,my_test_main b where a.TQID=b.TQID and b.CCID='".$paperinfo
['CCID']."' and a.TQID in (".$data[4]['shitistr']."0)");
            shuffle($short);
            $this->shortdata=$short;
        }else{
            $this->shortdata="";
        }
    }else{//随机选题
        //单选
        if($data[0]['num']>0){
            $radiodata=$radioObj->query("select TQID from my_test_main
where ttype=1 and CCID='".$paperinfo['CCID']."'");
            $radioarray=array();
            foreach($radiodata as $k=>$v){
                $radioarray[$v['TQID']]=$v['TQID'];
            }
            $radio_tmp=array_rand($radioarray,$data[0]['num']);
            $radio=$radioObj->query("select a.*,b.CCID from my_test_
radio a,my_test_main b  where a.TQID=b.TQID and b.CCID='".$paperinfo
['CCID']."' and a.TQID in (".implode(',',$radio_tmp).")");
            foreach($radio as $k=>$v){
                $iteminfo_tmp1[$k]['item']=json_decode($v['Item'],
true);
                $iteminfo_tmp1[$k]['TQID']=$v['TQID'];
```

```
        }
        $this->iteminfo1=$iteminfo_tmp1;
        shuffle($radio);
        $this->radiodata=$radio;
    }else{
        $this->radiodata="";
    }

    //echo $paperinfo['CCID'];
    //print_r($iteminfo_tmp1);
    //判断
    if($data[1]['num']>0){
        $judgedata=$judgeObj->query("select TQID from my_test_main where ttype=2 and CCID='".$paperinfo['CCID']."'");
        $judgearray=array();
        foreach($judgedata as $k=>$v){
            $judgearray[$v['TQID']]=$v['TQID'];
        }
        $judge_tmp=array_rand($judgearray,$data[1]['num']);
        $judge=$judgeObj->query("select a.*,b.CCID from my_test_judge a,my_test_main b where a.TQID=b.TQID and b.CCID='".$paperinfo['CCID']."' and a.TQID in(".implode(',',$judge_tmp).")");
        shuffle($judge);
        $this->judgedata=$judge;
    }else{
        $this->judgedata="";
    }
    //多选
    if($data[2]['num']>0){
        $multiselectdata=$multiselectObj->query("select TQID from my_test_main where ttype=3 and CCID='".$paperinfo['CCID']."'");
        $multiselectarray=array();
        foreach($multiselectdata as $k=>$v){
            $multiselectarray[$v['TQID']]=$v['TQID'];
        }
        $multiselect_tmp=array_rand($multiselectarray,$data[2]['num']);
        $multiselect=$multiselectObj->query("select a.*,b.CCID from my_test_multiselect a,my_test_main b where a.TQID=b.TQID and b.CCID='".$paperinfo['CCID']."' and a.TQID in(".implode(',', $multiselect_tmp).")");
        //print_r($multiselectarray);
```

 无纸化考试管理系统

```
        foreach($multiselect as $k=>$v){
            $iteminfo_tmp3[$k]['item']=json_decode($v['Item'],
true);
            $iteminfo_tmp3[$k]['TQID']=$v['TQID'];
            $iteminfo_tmp3[$k]['answer']=explode('、',$v['answer']);
        }
        $this->iteminfo3=$iteminfo_tmp3;
        shuffle($multiselect);
        $this->multiselectdata=$multiselect;
    }else{
        $this->multiselectdata="";
    }
    //填空
    if($data[3]['num']>0){
        $blankdata=$blankObj->query("select TQID from my_test_main where ttype=4 and CCID='".$paperinfo['CCID']."'");
        $blankarray=array();
        foreach($blankdata as $k=>$v){
            $blankarray[$v['TQID']]=$v['TQID'];
        }
        $blank_tmp=array_rand($blankarray,$data[3]['num']);
        $blank=$blankObj->query("select a.*,b.CCID from my_test_blank a,my_test_main b where a.TQID=b.TQID and b.CCID='".$paperinfo['CCID']."' and a.TQID in(".implode(',',$blank_tmp).")");
        foreach($blank as $k=>$v){
            //$iteminfo_tmp4[$k]['item']=json_decode($v['Item'],
true);
            $iteminfo_tmp4[$k]['TQID']=$v['TQID'];
            $iteminfo_tmp4[$k]['answer']=json_decode
($v['answer'],true);
        }
        $this->iteminfo4=$iteminfo_tmp4;
        shuffle($blank);
        $this->blankdata=$blank;
    }else{
        $this->blankdata="";
    }
    //简答
    if($data[4]['num']>0){
        $shortdata=$shortObj->query("select TQID from my_test_main
```

```
where ttype=5 and CCID='".$paperinfo['CCID']."'");
            $shortarray=array();
            foreach($shortdata as $k=>$v){
                $shortarray[$v['TQID']]=$v['TQID'];
            }
            $short_tmp=array_rand($shortarray,$data[4]['num']);
            if($data[4]['num']>1){
                $short=$shortObj->query("select a.*,b.CCID from my_test_short a,my_test_main b where a.TQID=b.TQID and b.CCID='".$paperinfo['CCID']."' and a.TQID in(".implode(',',$short_tmp).")");
            }else{
                $short=$shortObj->query("select a.*,b.CCID from my_test_short a,my_test_main b where a.TQID=b.TQID and b.CCID='".$paperinfo['CCID']."' and a.TQID='".$short_tmp."'");
            }
            shuffle($short);
            $this->shortdata=$short;
        }else{
            $this->shortdata="";
        }
        //print_r($short);
    }

    $this->a0=1;
    $this->b0=1;
    $this->c0=1;
    $this->d0=1;
    $this->e0=1;

    $this->a1=1;
    $this->b1=1;
    $this->c1=1;
    $this->d1=1;
    $this->e1=1;
    //$this->p

    //echo $data[0]['shitistr'];
    //print_r($iteminfo_tmp1);
    $this->display('admin/PaperBase/show.html');
}
```

4. 考场管理的实现

考场管理的列表界面如图 1-8 所示,其新增考场的操作界面如图 1-9 所示。

图 1-8 考场管理的列表界面

图 1-9 新增考场的操作界面

部分主要代码实现及说明如下:

```
//添加
function actionAddDo(){
    $RoomObj=new Room();
    $CourseClassObj=new CourseClass();
    $ccinfo=$CourseClassObj->find(array('cc_name'=>isset($_POST['cc_name'])?$_POST['cc_name']:""));

    $room_user=isset($_POST['room_user'])?$_POST['room_user']:"";
```

```php
        if(strstr($room_user,',')){
            $room_user=str_replace(',',',',$room_user);
        }

        $data=array(
            "room_title"=>isset($_POST['room_title'])?$_POST['room_title']:"",
            "room_content"=>isset($_POST['room_content'])?$_POST['room_content']:"",
            "room_startdate"=>isset($_POST['room_startdate'])?($_POST['room_startdate']=='0000-00-00 00:00:00'?null:$_POST['room_startdate']):"",
            "room_enddate"=>isset($_POST['room_enddate'])?($_POST['room_enddate']=='0000-00-00 00:00:00'?null:$_POST['room_enddate']):"",
            "CCID"=>$ccinfo['CCID'],
            "room_user"=>$room_user
        );

        //print_r($data);
        if(count($data)>=5){
            if($info=$RoomObj->find(array("room_title"=>$data["room_title"]))==false)
            {
                $RoomObj->create($data);
                echo "<script>layer.msg('操作完成!',function(){window.location.assign('room_list.html');});</script>";
            }else{
                echo "<script>layer.msg('您输入的考场名称已经存在!',function(){
        layer.msg(json.message,{icon:5});$('#cc_name').focus();});
</script>";
            }

        }else{
            echo "<script>layer.msg('请您根据条件填写进行正确的输入!',function(){
        layer.msg(json.message,{icon:5});$('#cc_name').focus();});
</script>";
        }

    }
```

5. 成绩统计的实现

成绩统计的列表界面如图1-10所示。

图1-10　成绩统计的列表界面

部分主要代码实现及说明：

```
function actionList(){
    $askObj=new Ask();
    $departmentObj=new Department();
    $this->dInfo=$departmentObj->query("select d_name,DID from my_user_department group by d_name");
    $PostObj=new Post();
    $this->pInfo=$PostObj->query("select p_name,PID from my_user_post group by p_name");
    $keyword1=isset($_GET["key1"])? $_GET['key1']:"";
    $keyword2=isset($_GET["key2"])? $_GET['key2']:"";
    $keyword3=isset($_GET["key3"])? $_GET['key3']:"";
    $keyword4=isset($_GET["key4"])? $_GET['key4']:"";
    $keyword5=isset($_GET["key5"])? $_GET['key5']:"";
    $keyword6=isset($_GET["key6"])? $_GET['key6']:"";
    $this->keyword1=$keyword1;
    $this->keyword2=$keyword2;
    $this->keyword3=$keyword3;
    $this->keyword4=$keyword4;
    $this->keyword5=$keyword5;
    $this->keyword6=$keyword6;
    if($keyword6!==''){
        $keyword2=" and f.room_title like '%".$keyword2."%' ";
    }
```

```php
if($keyword5!==''){
    $keyword5=" and a.room_id=".$keyword5." ";
}
if(!empty($keyword1)){
    $dinfo=$departmentObj->find(array('d_name'=>$keyword1));
    $keyword1="and b.DID='".$dinfo['DID']."'";
}
if(!empty($keyword2)){
    $pinfo=$PostObj->find(array('P_name'=>$keyword2));
    $keyword2="and b.PID='".$pinfo['PID']."'";
}
if(!empty($keyword3)){
    $keyword3="and b.name like '%".$keyword3."%'";
}
if(!empty($keyword4)){
    $keyword4="and b.username like '%".$keyword4."%'";
}
$page=isset($_GET["page"])? $_GET['page']:1;
$sql="select a.*,TIMESTAMPDIFF(MINUTE,a.user_start_ask_time,a.user_endtime)as usertime,b.username,b.name,b.sex,b.email,b.phone,b.status,b.p_name,b.d_name,f.room_title,f.cc_name from my_exam_user a left join(select c.*,d.d_name,e.p_name from my_student c,my_user_department d,my_user_post e where c.DID=d.DID and c.PID=e.PID)b on a.SID=b.SID left join(select h.*,i.cc_name from my_exam_room h left join my_course_class i on h.CCID=i.CCID)f on a.room_id=f.room_id where a.user_examstatus='2' $keyword1 $keyword2 $keyword3 $keyword4 $keyword5 $keyword6 order by a.room_id,b.SID";
$data=$askObj->findsql($sql,array($page,15));
foreach($data as $k=>$v){
    $json=(array)json_decode($v['user_askstring'],true);
    $tmjson=(array)json_decode($v['user_exampaper'],true);

    $fen1=0;
    $fen2=0;
    $fen3=0;
    $fen4=0;
    $fen5=0;

    $t1=0;
    $t2=0;
    $t3=0;
    $t4=0;
    $t5=0;
```

```
            foreach($json as $k1=>$v1){

                if($v1['type']=='1'){
                    $fen1=$fen1+$v1['defen'];
                    $t1=$tmjson[0]['radio'];
                }
                if($v1['type']=='2'){
                    $fen2=$fen2+$v1['defen'];
                    $t2=$tmjson[1]['judge'];
                }
                if($v1['type']=='3'){
                    $fen3=$fen3+$v1['defen'];
                    $t3=$tmjson[2]['multiselect'];
                }
                if($v1['type']=='4'){
                    $fen4=$fen4+$v1['defen'];
                    $t4=$tmjson[3]['blank'];
                }
                if($v1['type']=='5'){
                    $fen5=$fen5+$v1['defen'];
                    $t5=$tmjson[4]['short'];
                }
            }
            $data[$k]['defen1']=$fen1;
            $data[$k]['defen2']=$fen2;
            $data[$k]['defen3']=$fen3;
            $data[$k]['defen4']=$fen4;
            $data[$k]['defen5']=$fen5;

            $data[$k]['t1']=$t1;
            $data[$k]['t2']=$t2;
            $data[$k]['t3']=$t3;
            $data[$k]['t4']=$t4;
            $data[$k]['t5']=$t5;
        }
        $this->data-$data;
        $this->page=$askObj->page;
        $this->display("admin/statistics/list.html");
}
```

六、系统的测试

高职院校无纸化考试管理系统是一个多业务流程、多用户的复杂信息管理系统。尽管是严格按照软件开发的规范和标准进行，由于诸多因素的影响和干扰，致使系统存在缺陷和漏洞。为了保证无纸化考试管理系统的正确性、完整性、可靠性和安全性，必须按照管理信息系统的需求，在规定的硬件、软件环境下，对系统进行操作，发现程序错误，检验系统运行的各项指标，并对其能否满足系统设计需求进行全面的评估。

系统测试在整个软件系统开发过程中占有非常重要的地位，是保证系统质量的重要手段。为了及时发现问题，必须在投入使用前进行全面的严格测试，对各项技术指标进行严格的审查，避免出现致命的缺陷造成不必要的损失。

通过不断增加在线用户数量，加大负载测试，检测系统是否出现用户无法登录或系统崩溃的现象。如果出现这类问题，则须调整响应时间，改进系统性能、加快事务处理速率，通过负载压力测试，确保系统能够适应一定访问量的需求。从测试结果综合分析，无纸化考试管理系统并发用户数在200~400浮动，系统总体性能基本满足功能需求。

成果二　教师考核评价系统

完成单位：辽宁交通高等专科学校

完成人：郝大海、陈雪莲、李中跃、王　浩、
　　　　王智学、金　凤、于　洋

一、需求分析

1. 系统概述

为进一步加强信息工程系师资队伍建设，做好教学人员的教育教学基本素质和能力考核工作，充分调动教师工作的积极性，不断提高信息工程系教学质量与教育教学水平，结合信息工程系实际情况，制定一系列量化考核标准和办法，并开发信息工程系教师教育教学能力考核系统，方便系里领导和系内教师的测评工作。

该系统满足信息工程系对教学人员的教育教学基本素质和能力考核工作，实现教师自评、专业主任考核、系领导审核考核、测评成绩公示及教师浏览等功能。

2. 功能需求

信息工程系教师教育教学能力考核系统提供用户分级别登录，包括：教师自评；专业主任为教师评分；教学办公室工作人员为教师评分；系领导查看打分情况、公示、确定提交功能，以及评分成绩排序浏览功能、后台管理功能，如图 2-1 所示。

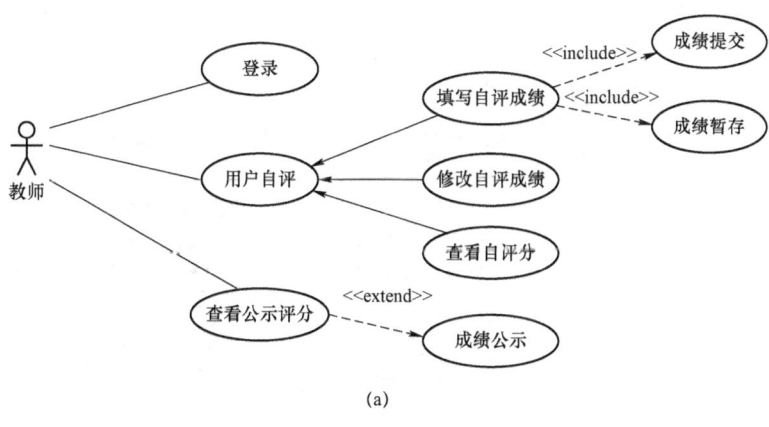

图 2-1　系统功能
（a）教师自评

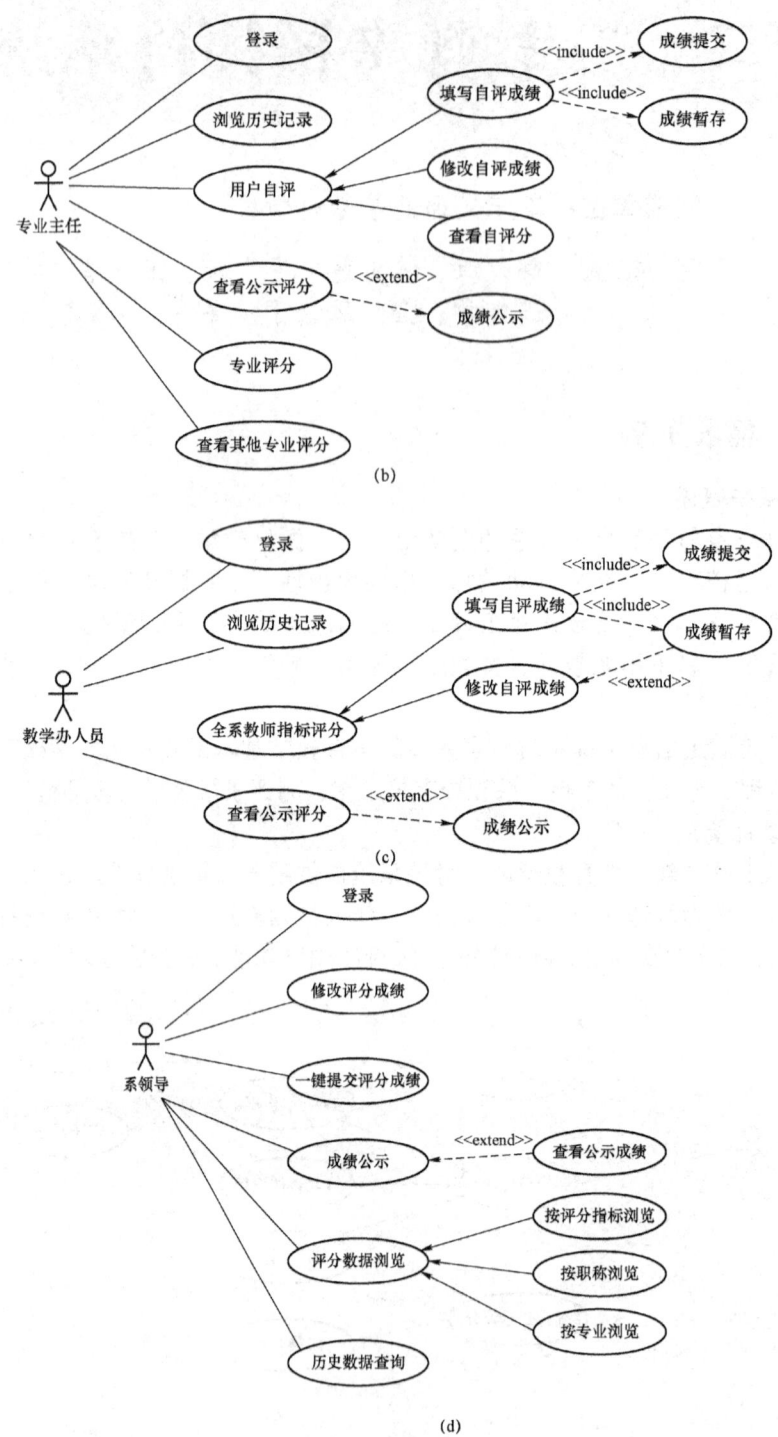

图 2-1 系统功能（续）

(b) 专业主任为教师评分；(c) 教学办人员为教师评分；(d) 系领导查看打分等功能

3. 性能需求

（1）业务成功率达 100%。

（2）最大并发数：不小于 50。

（3）系统响应时间：系统各种操作平均响应时间不大于 10 s。

（4）应用服务器内存要求：建议 1 GB 以上。

（5）数据库服务器内存要求：建议 1 GB 以上。

4. 开发环境需求

（1）硬件需求。开发环境要求硬件基本配置如表 2–1 所示。

表 2–1　硬件环境基本配置表

参数	最低配置
内存	1 GB
CPU 主频	1.8 GHz 以上
硬盘存储空间	20 GB

（2）软件需求。系统开发需要的软件要求如表 2–2 所示。

表 2–2　软件环境基本配置表

参数	最低配置
操作系统	Windows XP
服务器	IIS
开发工具	Microsoft Visual Studio 2008
数据库	Microsoft SQL Server 2005

二、数据库设计

1. 数据库介绍

教师考核测评系统使用微软公司的 Microsoft SQL Server 2008 数据库，采用 B/S 模式设计开发。SQL Server 2008 可以将结构化、半结构化和非结构化文档的数据直接存储到数据库中。可以对数据进行查询、搜索、同步、报告和分析之类的操作。数据可以存储在各种设备上，从数据中心最大的服务器一直到桌面计算机和移动设备，它都可以控制数据而不用管数据存储在哪里。SQL Server 2008 数据库平台有以下特点。

（1）可信任的。使公司可以以很高的安全性、可靠性和可扩展性来运行其最关键任务的应用程序。

（2）高效的。使公司可以降低开发和管理其数据基础设施的时间和成本。

（3）智能的。提供了一个全面的平台，可以在用户需要时给其发送信息。

2. 数据库概念结构设计

E-R 图主要描述实体之间的联系，通过需求分析确定系统中存在的教师、部门、指标、指标标准实体之间的关系，如图 2-2 所示。

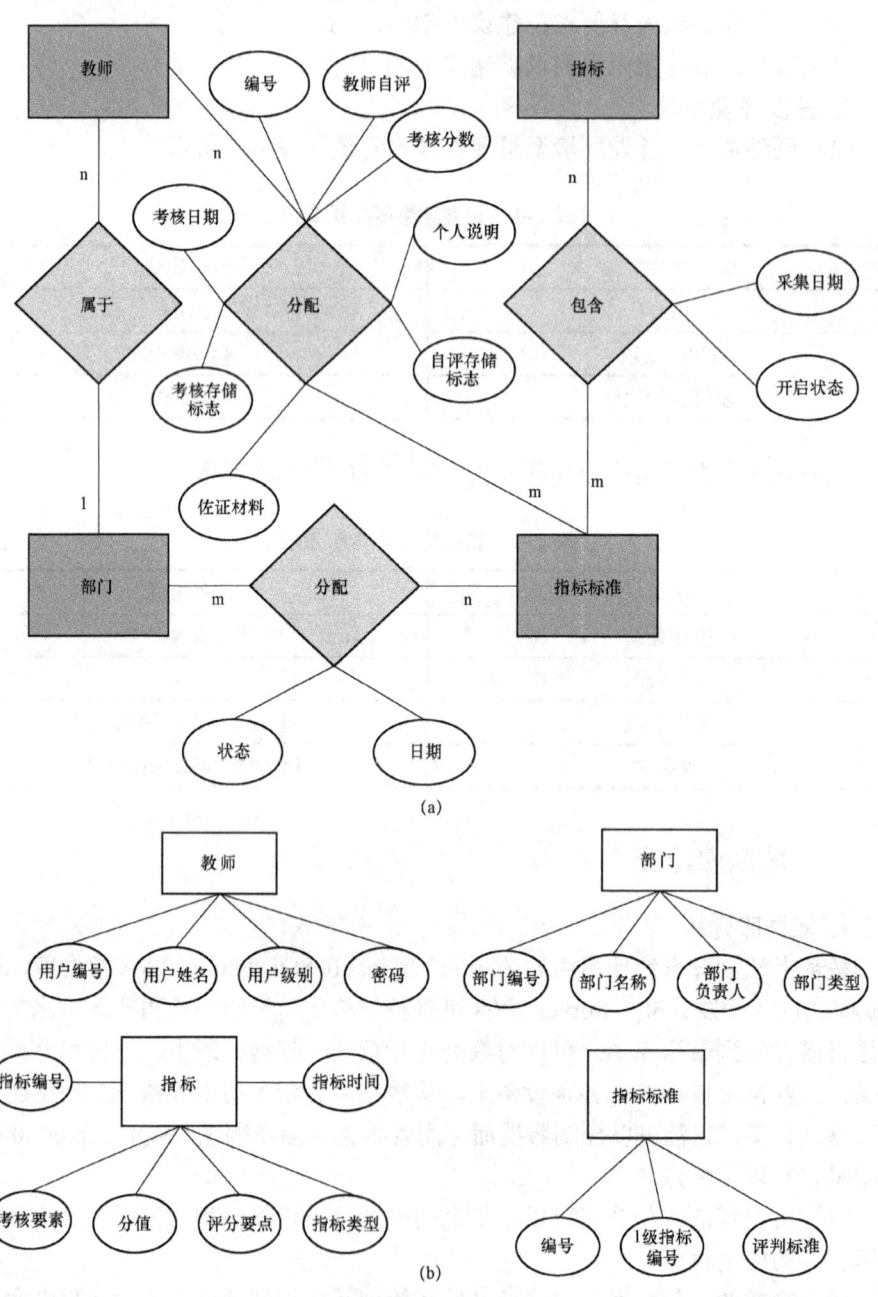

图 2-2　E-R 图

各个表之间的关联关系如图 2-3 所示。

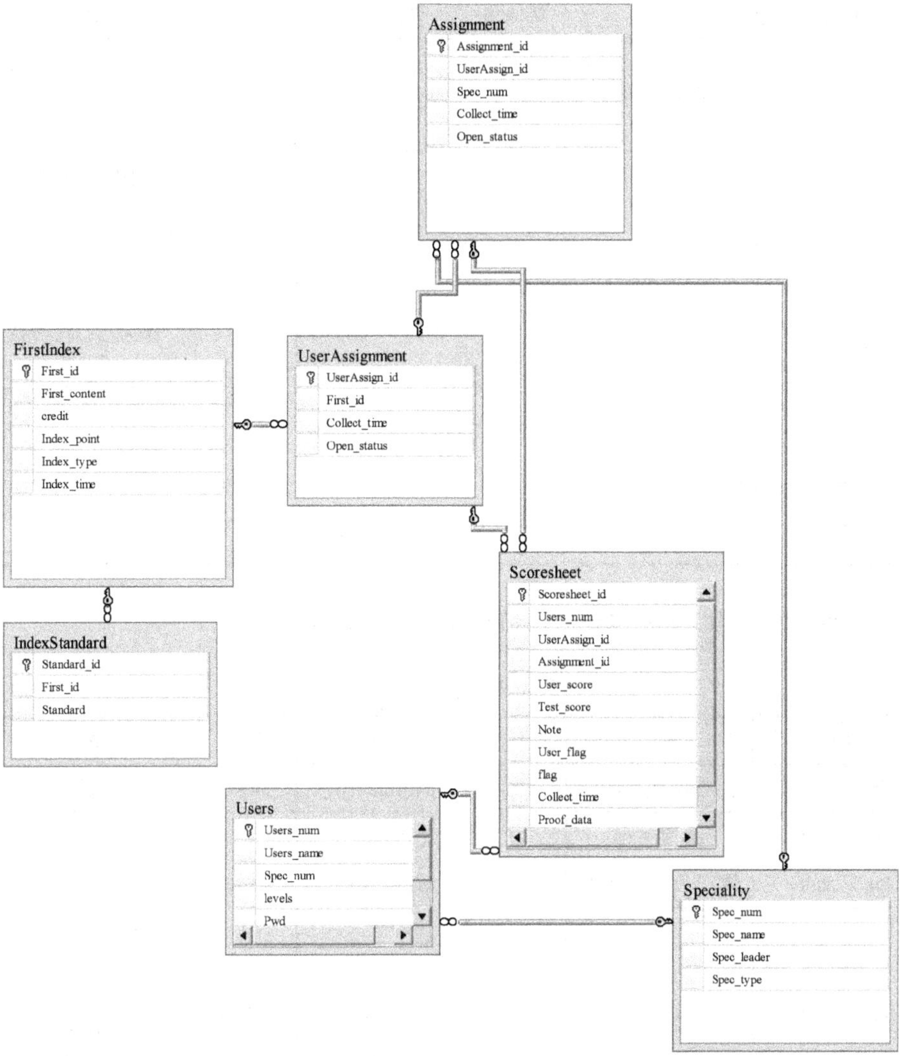

图 2-3 表间关联关系

3. 数据库逻辑结构设计

Users（用户表）保存用户信息，指导用户登录，其结构见表 2-3。

表 2-3 Users 表

字段	名称	默认值	类型长度	为空	说明
Users_num	教工号		nvarchar(6)	False	主键
Users_name	姓名		nvarchar(20)	False	

续表

字段	名称	默认值	类型长度	为空	说明
Spec_num	部门编号		nvarchar(6)	False	主表 Speciality（部门表）外键
Levels	用户级别		smallint	False	级别1：普通教师 级别2：专业主任、实验室负责人、教学办负责人、学工办负责人 级别3：教学办人员 级别4：领导（5位） 级别5：管理员
Pwd	用户密码	000000	nvarchar(6)	False	要求用户密码为6位

Speciality（部门表）保存部门信息，其结构见表2–4。

表2–4 Speciality 表

字段	名称	默认值	类型长度	为空	说明
Spec_num	部门编号		nvarchar(6)	False	主键
Spec_name	部门名称		nvarchar(60)	False	
Spec_leader	部门负责人账号		nvarchar(6)	True	
Spec_type	部门类型	1	smallint	True	默认值：1 1：专业 2：教学办 3：实验室 4：学工办 5：领导

FirstIndex（指标表）提供指标基本信息，其结构见表2–5。

表2–5 FirstIndex 表

字段	名称	默认值	类型长度	为空	说明
First_id	指标编号		int	False	字段设成 identity（1,1）主键
First_content	考核要素		nvarchar(100)	False	

续表

字段	名称	默认值	类型长度	为空	说明
credit	分值		smallint	False	
Index_point	评判要点		nvarchar(1000)	False	
Index_type	指标类型		smallint	False	1：1~8项指标 2：9~14项指标 3：15~27项指标
Index_time	指标时间	系统时间	datetime	True	默认：系统时间

Indexstandard（指标标准）提供具体指标评判细则，其结构见表 2-6。

表 2-6 Indexstandard 表

字段	名称	默认值	类型长度	为空	说明
Standard_id	唯一 ID		int	False	字段设成 identity（1，1）主键
First_id	FirstIndex 表的指标编号		int	False	外键 主表 FirstIndex
Standard	评判标准		nvarchar(500)	False	

UserAssignment 表保存指标的分配表，每年正式打分前保存一次，其结构见表 2-7。

表 2-7 UserAssignment 表

字段	名称	默认值	类型长度	为空	说明
UserAssign_id	编号		int	False	字段设成 identity（1，1）主键
First_id	FirstIndex 表的指标编号		int	False	外键 主表 FirstIndex
Collect_time	采集日期		nvarchar(10)	False	格式：2011-上和 2011 两种数据库上已经加了约束
Open_status	开启状态	1	smallint	False	开启状态： 1：开启 2：关闭 默认值：1

Assignment 指标分配表保存个人分配和部门之间的绑定关系，每次打分前保存一次，其结构见表 2-8。

表 2-8 Assignment 表

字段	名称	默认值	类型长度	为空	说明
Assignment_id	ID 编号		int	False	字段设成 identity（1，1）主键
UserAssign_id	UserAssignment 表的指标编号		int	False	外键 主表 UserAssignment 表
Spec_num	部门编号		nvarchar(6)	False	外键 主表 Speciality（部门表）
Collect_time	采集日期		nvarchar(10)	True	与 Assignment 表一致
Open_status	开启状态	1	smallint	True	

Scoresheet 评分表保存用户对应打分情况，其结构见表 2-9。

表 2-9 Scoresheet 表

字段	名称	默认值	类型长度	为空	说明
Scoresheet_id	唯一 ID		int	False	主键 identity（1，1）
Users_num	用户编号		nvarchar(5)	False	外键 主表 Users 表
UserAssign_id	UserAssignment 表分配的编号		int	False	外键 主表 UserAssignment 表的 UserAssign_id 字段
Assignment_id	Assignment 表分配的编号		int	True	主表 Assignment 表
User_score	教师自评		smallint	False	
Test_score	考核分数	0	smallint	True	
Note	个人说明		nvarchar(1000)	True	

续表

字段	名称	默认值	类型长度	为空	说明
User_flag	自评存储标志位	1	smallint	False	1：自评暂存 2：自评已经提交，任何人不可以修改自评
Flag	考核暂存标志位	0	smallint	False	−1：专业主任没有评分 0：专业主任暂存 1：专业主任提交存储 2：公示，只有领导可以改，其他人不可修改 3：已经提交，任何人不可修改考核成绩
Collect_time	采集日期		nvarchar(10)	True	与UserAssignment表一致
Proof_data	佐证材料		nvarchar(200)	True	保存路径

三、概要设计

1. 功能设计

根据需求分析，可以得到系统的功能模块，整个系统由5个功能模块组成，即登录、数据采集、数据公示与提交、数据排序浏览、后台管理，如图2-4所示。

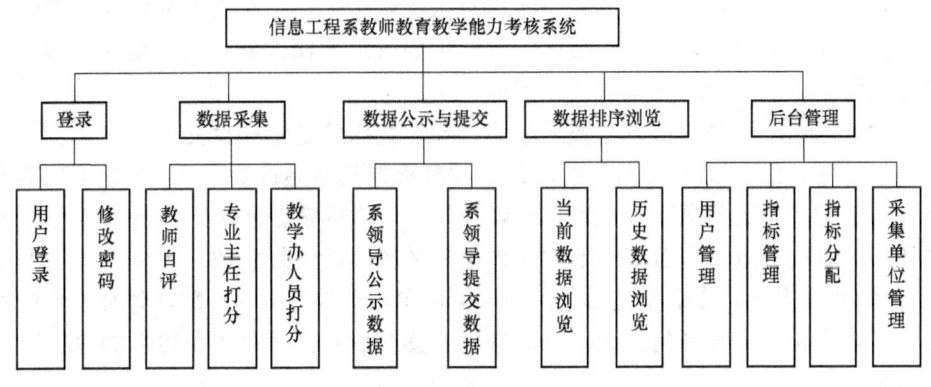

图 2-4 系统功能结构框图

2. 模块说明

（1）登录模块。用户根据自己的用户名和密码进入系统，并有修改密码的权利。根据系统的需求，主要有4种角色进行系统操作，故用户分为以下4种，各自拥有相应权限。

① 普通教师。以职工号登录，具有自评分的功能（暂存，提交）和浏览历史数据功能。

当数据进入公示期或者被领导永久提交有效后，可以对全系教师的评分数据进行浏览（排序浏览）。

② 专业主任。以分配的各个专业固定账号登录，能够对本专业教师参考其自评分数进行评分，也可以切换其他专业查看其他专业教师的自评分和专业主任评分。专业主任评分后具有保存功能和浏览历史数据功能。

③ 教学办人员。教学办人员（教学秘书、行政秘书、二级督导组长）以分配的专门固定账号登录，能够对全系所有教师就相关指标参考教师自评分进行评分，评分后具有保存功能和浏览历史数据功能。

④ 系领导。以职工号登录，具有一键公示功能、一键提交评分功能、分专业浏览和修改各位教师的评分（自评和专业考核成绩，自评成绩不可修改）的功能、按评分排名后浏览功能、浏览历史数据功能。

（2）数据采集模块。主要完成给教师评分的工作，分为3个组成部分。

① 教师自评。教师自己评分，评分后具有暂存和提交功能，提交后数据不可修改。指标的1~8地要求每学期评分一次，指标9~27项要求每年年底针对这一年的情况评分一次。

② 专业主任打分。能够对本专业教师，参考其自评分数进行评分，也可以切换其他专业查看其他专业教师的自评分和专业主任评分。专业主任评分后具有保存功能。指标的1~8项要求每学期评分一次，指标9~27项要求每年年底针对这一年的情况评分一次。

③ 教学办人员打分。能够对全系所有教师就相关指标参考教师自评分进行评分，评分后具有保存功能。指标的1~8项要求每学期评分一次，指标的9~27项要求每年年底针对这一年的情况评分一次。

（3）数据公示与提交。主要用于系领导对数据的公示和提交。

① 数据公示。系领导对所有教师的评分数据基本通过后，可以单击"数据公示"功能键，此时数据可以被所有教师浏览，若教师在公示期内有异议，与领导沟通后，可以通过领导对其专业主任评定的考核成绩进行修改。

② 数据提交。公示期过后，系领导可以单击"数据提交"键，对所有数据进行永久性提交，此时任何人无法修改数据。提交后系内所有人员可以浏览排序后的成绩。

（4）数据排序与浏览。数据浏览分为当前数据浏览和历史数据浏览。

① 当前数据浏览。在系领导对数据进行公示或者提交之后，所有用户均可以浏览到教师排序后的总成绩，8月份提交的总成绩为指标1~8项和，12月份到下

一年 2 月份提交的成绩可以看到总成绩以及两个学期的指标 1～8 项和、指标 9～14 项和、指标 15～27 项和。总成绩=两个学期的（指标 1～8 项和）+（指标 9～14 项和）+（指标 15～27 项和）。单击"总成绩"可以看到每个成绩的具体分值，各种排序结果。排序指总成绩、1～8 项指标和、9～14 项指标和，15～27 项指标和分项排序［说明：两个学期指如 2010—2011（1）和 2011—2012（2），一个自然年指如 2011 年 1 月到 2011 年 12 月］。

② 历史数据浏览。能够根据输入的时间查看历史数据。

（5）后台管理模块。后台管理模块包括以下 4 个部分。

① 用户管理。用户的增加、删除、修改。

② 指标管理。指标的增加、修改（说明：指标修改仅仅是对内容完善的修改，和评分标准的修改，分值不可以修改，如果分值不同相当于增加指标）。

③ 指标分配。每年的开始都要为指标和采集单位进行分配，才可以进行打分。

④ 采集单位管理。采集单位（专业和教学办）的增加、删除、修改。

四、详细设计

1. 用户登录

用户输入管理员分配的用户名和密码，单击"登录"按钮，进入系统主页面，如图 2-5 所示。输入正确的用户名和密码后，成功登录到教师能力考核评价系统的用户可以使用系统的功能。如果输入的用户名或密码错误，系统提示需要重新输入用户名和密码。

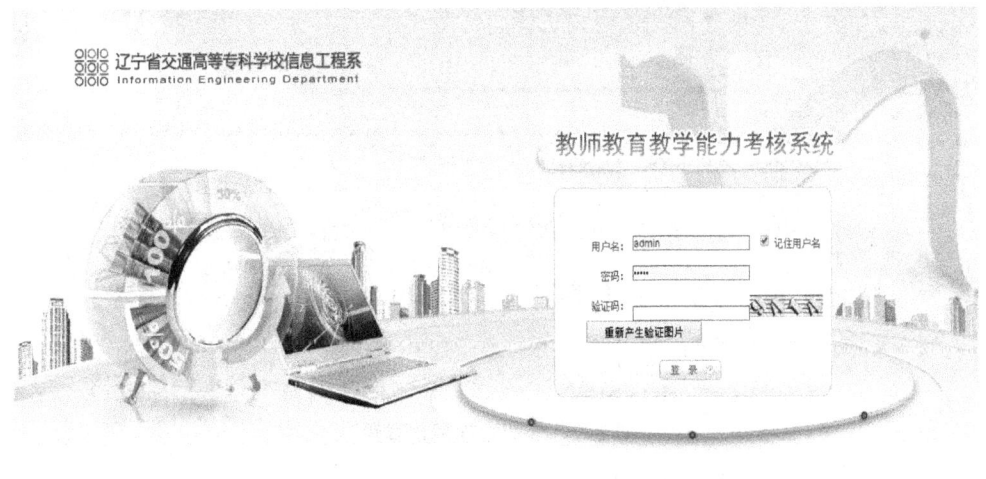

图 2-5　系统登录

（1）教师用户登录。教师用户登录以后，拥有教师自评、查看评分公示结果的功能。如图2-6所示。

图2-6　教师用户登录

（2）专业主任用户登录。专业主任用户登录以后，能够查看教师自评分；同时能够参考教师的自评结果对其进行考核评分；查看其他专业教师评分；查看教师评分的公示结果。如图2-7所示。

图2-7　专业主任用户登录

（3）教学秘书用户登录。教学秘书用户登录之后，能够对全系的教师与教学工作相关的评价指标进行评分，该部分评分要在专业主任对教师评分结束并提交之后进行。如图2-8所示。

成果二　教师考核评价系统

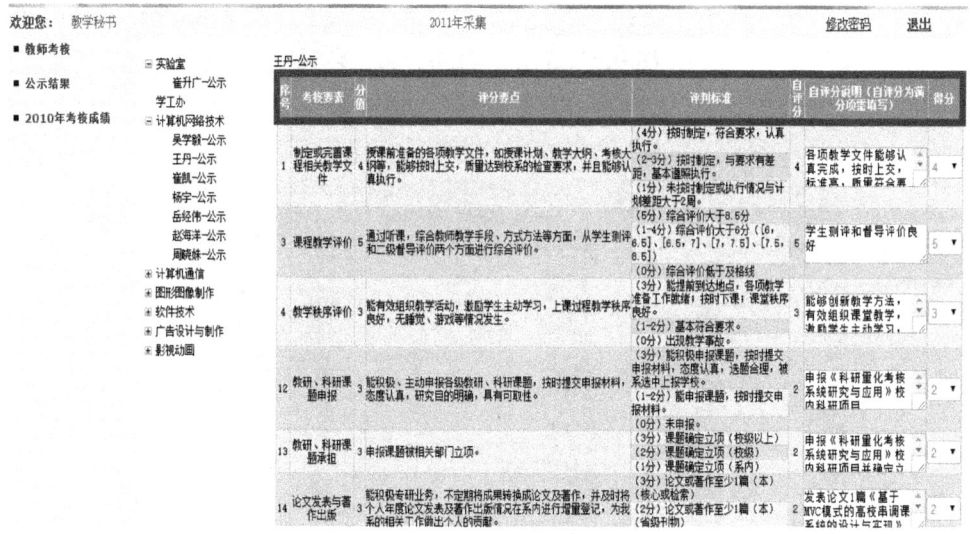

图 2-8　教学秘书用户登录

（4）行政秘书用户登录。行政秘书用户登录之后，能够对全系的教师与平时系部活动相关的评价指标进行评分，该部分评分要在专业主任对本专业教师评分结束并提交之后进行。如图 2-9 所示。

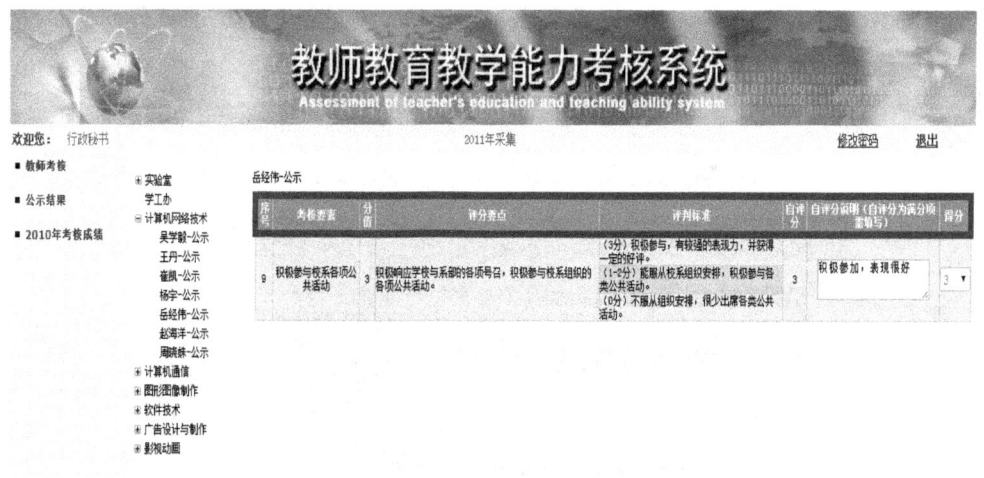

图 2-9　行政秘书用户登录

（5）系领导用户登录。系领导用户登录之后能够查看全系教师的考核成绩，同时具有一键公示功能、一键提交评分功能、分专业浏览功能、修改各位教师的评分（自评和专业考核成绩，自评成绩不可修改）功能、按评分排名后浏览功能以及浏览历史数据功能。如图 2-10 所示。

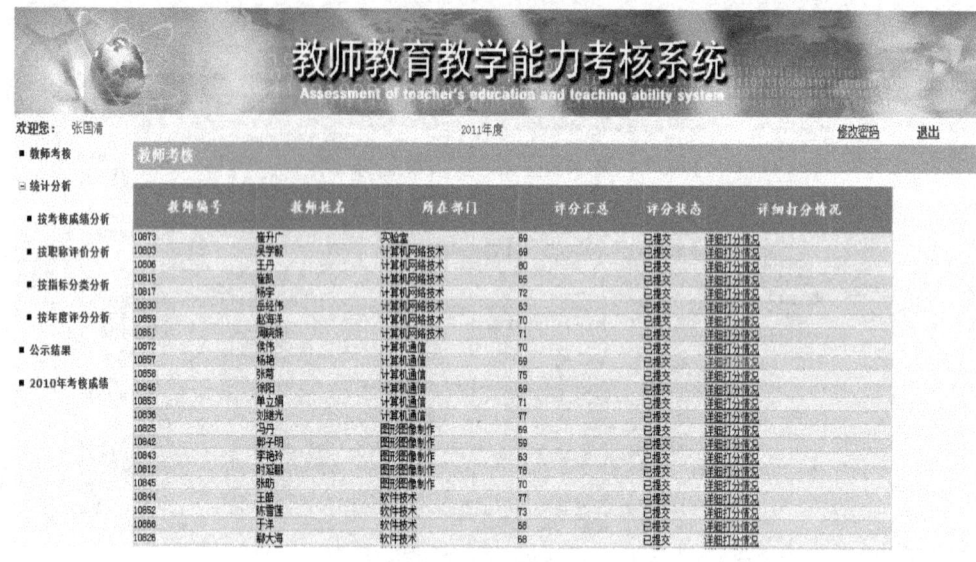

图 2-10 系领导用户登录

2. 数据采集

（1）教师自评分。专业教师登录系统之后，进入教师自评页面。如图 2-11 所示。其中，评价指标的 1~8 项要求每学期评分一次，每年年底 1~8 项指标的分值取两个学期的评分；9~27 项要求每年年底针对这一年的情况评分一次。

图 2-11 教师自评

教师所在专业：教师所属部门。

评分状态：未评分、暂存、提交。未评分表示目前教师还没有自评分；暂存表示目前暂时的打分情况，分数可以修改；提交表示教师已经自评完毕，所评分数不能修改。

（2）专业主任评分。专业主任能够对本专业教师参考其自评分数对其进行评分。如图 2-12 所示。

图 2-12 专业主任自评分

如果教师还未进行自评分，提示教师还未进行自评分操作，如图 2-13 所示。教师完成自评分后，专业主任可以对该专业的教师进行评分，如图 2-14 所示。专业主任评分后具有保存功能。指标的 1～8 项要求每学期评分一次，9～27 项要求每年年底针对这一年的情况评分一次。

图 2-13 专业教师未进行自评分操作

39

专业主任也可以切换其他专业，查看其他专业教师的自评分情况。在"部门名称"下拉列表框中选择想要查看的专业名称，然后单击"查询"按钮，如图 2–15 所示。

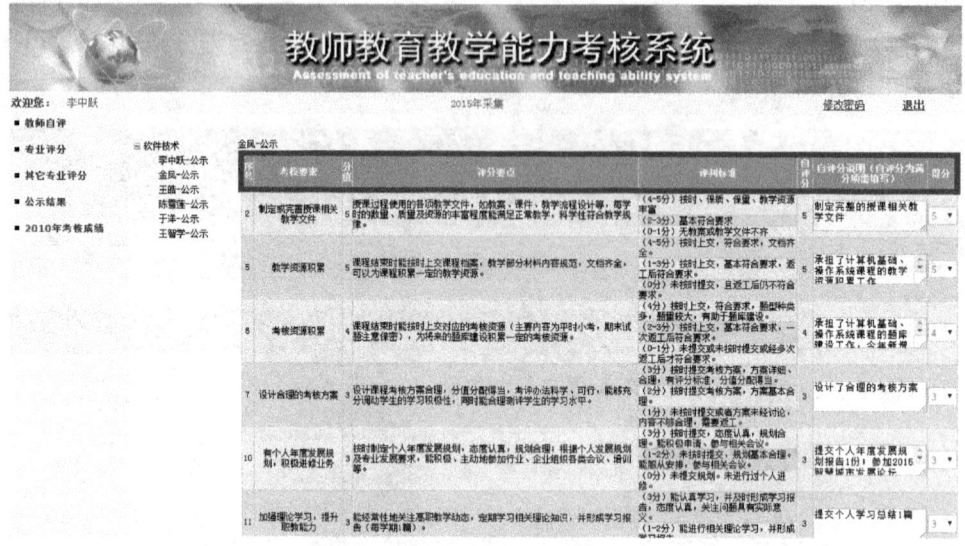

图 2–14 专业主任评分

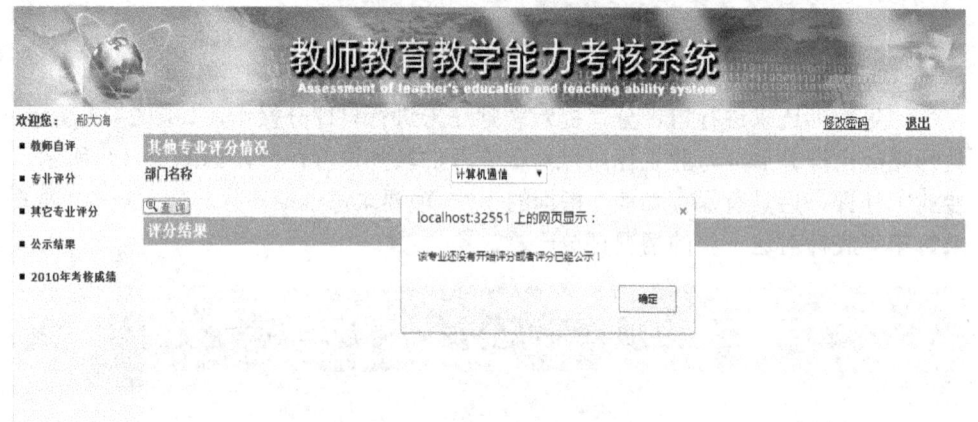

图 2–15 查看其他专业评分情况

（3）教学办评分。教学办人员登录后进入能够对全系所有教师就相关指标参考教师自评分进行评分，评分后具有保存功能，如图 2–16 所示。如果教师还未进行自评分或者自评分未提交，则教学办不能开始评分，如图 2–17 所示。指标的 1～8 项要求每学期评分一次，9～27 项要求每年年底针对这一年的情况评分一次。

图 2-16　教学办评分

图 2-17　教学办评分异常

3. 数据公示与提交

（1）考核结果公示。系内领导对所有教师的评分数据基本通过后，可以单击"数据公示"功能键，此时数据可以被所有教师浏览，若教师在公示期内有异议，与领导沟通后，可以通过领导对其专业主任评定的考核成绩进行修改，如图 2-18 所示。

图 2-18　考核结果公示

（2）查看考核公示。考核数据公示后，全体成员都能够查看教师的考核结果，如图 2–19 所示。单击“详细得分”链接可查看对应教师的详细考核评分信息。如果对考核结果有异议，可以向系领导反馈，经核实之后修改教师考核成绩。

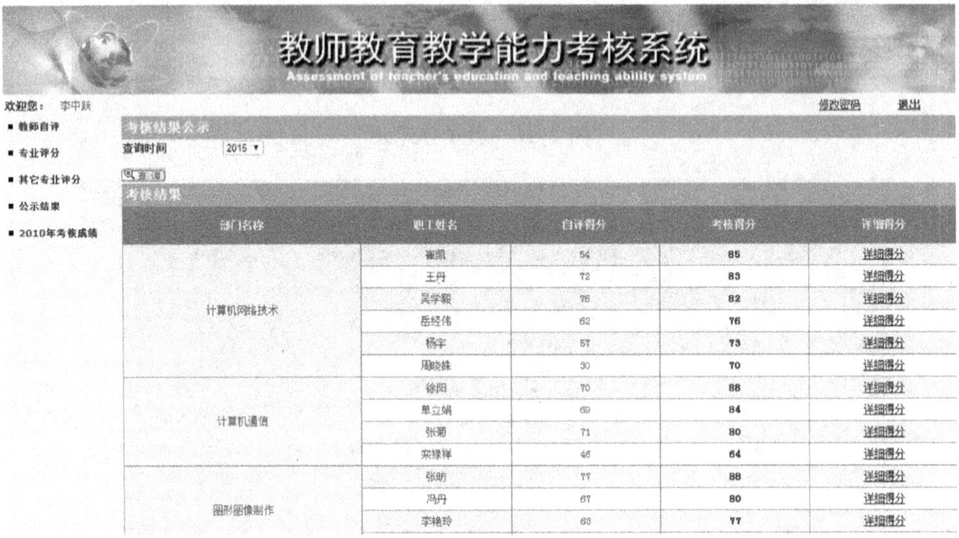

部门名称	职工姓名	自评得分	考核得分	详细得分
计算机网络技术	崔凯	54	85	详细得分
	王丹	72	83	详细得分
	吴学毅	76	82	详细得分
	岳经伟	62	76	详细得分
	杨宇	57	73	详细得分
	周晓姝	30	70	详细得分
计算机通信	徐阳	70	88	详细得分
	单立娟	69	84	详细得分
	张菊	71	80	详细得分
	宋禄祥	46	64	详细得分
图形图像制作	张昉	77	88	详细得分
	冯丹	67	80	详细得分
	李艳玲	63	77	详细得分

图 2–19　查看公示结果

（3）数据提交。公示期过后，系内领导可以通过单击“数据提交”键，对所有数据进行永久性提交，此时任何人无法修改数据。提交后系内所有人员可以浏览到排序后的成绩，如图 2–20 所示。单击“详细得分”链接能够查看每名专业教师的考核评分的详细情况，如图 2–21 所示。

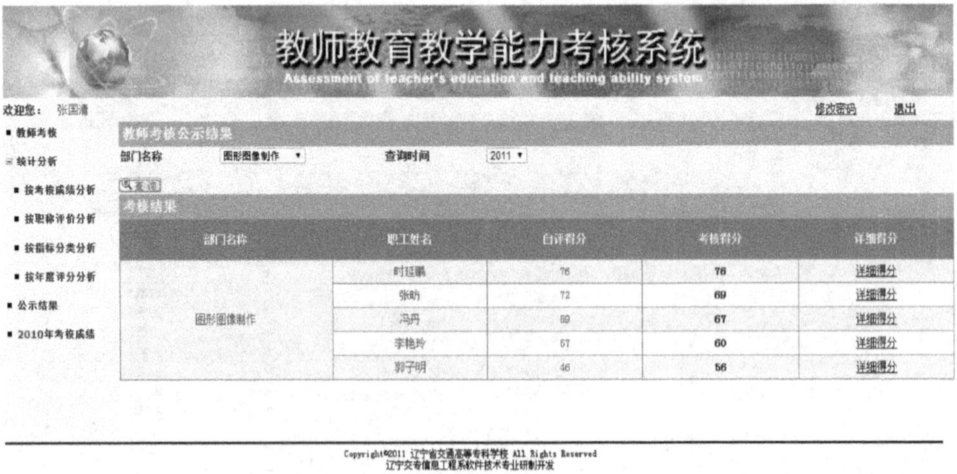

部门名称	职工姓名	自评得分	考核得分	详细得分
图形图像制作	时廷鹏	76	78	详细得分
	张昉	72	69	详细得分
	冯丹	59	67	详细得分
	李艳玲	57	60	详细得分
	郭子明	46	56	详细得分

图 2–20　数据提交功能

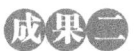

教师姓名：崔凯　　考核年度：2011年度　　考核成绩：64

考核要素	评判要点	自评分数	考核分数	考核时间
制定或完善课程相关教学文件	授课前准备的各项教学文件，如授课计划、教学大纲、考核大纲等，能够按时上交，质量达到校系的检查要求，并且能够认真执行。	0	4	2011-上
制定或完善授课相关教学文件	授课过程使用的各项教学文件，如教案、课件、教学流程设计等，每学时的数量、质量及资源的丰富程度能满足正常教学，科学性符合教学规律。	0	4	2011-上
课程教学评价	通过听课，综合教师教学手段、方式方法等方面，从学生测评和二级督导评价两个方面进行综合评价。	0	4	2011-上
教学秩序评价	能有效组织教学活动，激励学生主动学习，上课过程教学秩序良好，无睡觉、游戏等情况发生。	0	3	2011-上
教学资源积累	课程结束时能按时上交课程档案，教学部分材料内容规范，文档齐全，可以为课程积累一定的教学资源。	0	4	2011-上
考核资源积累	课程结束时能按时上交对应的考核资源（主要内容为平时小考，期末试题注意保密），为将来的题库建设积累一定的考核资源。	0	3	2011-上
设计合理的考核方案	设计课程考核方案合理，分值分配得当，考评办法科学、可行，能够充分调动学生的学习积极性，同时能合理测评学生的学习水平。	0	2	2011-上
有效实施成绩评定	教学过程中，能有效按考核方案实施测评工作，成绩能适时公开，并对教学进行调整；期末总评时，能客观对成绩进行分析，对学期教学进行总结与回顾，对课程改革提供依据。	0	3	2011-上
制定或完善课程相关教学文件	授课前准备的各项教学文件，如授课计划、教学大纲、考核大纲等，能够按时上交，质量达到校系的检查要求，并且能够认真执行。	4	4	2011
制定或完善授课相关教学文件	授课过程使用的各项教学文件，如教案、课件、教学流程设计等，每学时的数量、质量及资源的丰富程度能满足正常教学，科学性符合教学规律。	5	5	2011
课程教学评价	通过听课，综合教师教学手段、方式方法等方面，从学生测评和二级督导评价两个方面进行综合评价。	5	3	2011
教学秩序评价	能有效组织教学活动，激励学生主动学习，上课过程教学秩序良好，无睡觉、游戏等情况发生。	3	3	2011
教学资源积累	课程结束时能按时上交课程档案，教学部分材料内容规范，文档齐全，可以为课程积累一定的教学资源。	5	5	2011
考核资源积累	课程结束时能按时上交对应的考核资源（主要内容为平时小考，期末试题注意保密），为将来的题库建设积累一定的考核资源。	4	4	2011
设计合理的考核方案	设计课程考核方案合理，分值分配得当，考评办法科学、可行，能够充分调动学生的学习积极性，同时能合理测评学生的学习水平。	3	3	2011
有效实施成绩评定	教学过程中，能有效按考核方案实施测评工作，成绩能适时公开，并对教学进行调整；期末总评时，能客观对成绩进行分析，对学期教学进行总结与回顾，对课程改革提供依据。	3	3	2011
积极参与校系各项公共活动	积极响应学校与系部的各项号召，积极参与校系组织的各项公共活动。	3	2	2011
有个人年度发展规划，积极进修业务	按时制定个人年度发展规划，态度认真，规划合理；根据个人发展规划及专业发展要求，能积极、主动地参加行业、企业组织各类会议、培训等。	3	3	2011
加强理论学习，提升职教能力	能经常性地关注高职教学动态，定期学习相关理论知识，并形成学习报告（每学期1篇）。	3	3	2011
教研、科研课题申报	能积极、主动申报各级教研、科研课题，按时提交申报材料，态度认真，研究目的明确，具有可取性。	0	0	2011
教研、科研课题承担	申报课题被相关部门立项。	2	2	2011

图 2–21　查询教师详细得分

4. 数据排序与浏览

（1）当前数据浏览。在系领导对数据进行公示或者提交之后，所有用户均可以浏览到教师排序后的总成绩，如图 2–22 所示。单击“详细打分情况”链接显示对应教师的详细评分情况，如图 2–23 所示。

教师编号	教师姓名	所在部门	评分汇总	评分状态	详细打分情况
10873	崔升广	实验室	69	已提交	详细打分情况
10803	吴学毅	计算机网络技术	69	已提交	详细打分情况
10806	王丹	计算机网络技术	80	已提交	详细打分情况
10815	崔凯	计算机网络技术	65	已提交	详细打分情况
10817	杨宇	计算机网络技术	72	已提交	详细打分情况
10830	岳经伟	计算机网络技术	83	已提交	详细打分情况
10859	赵海洋	计算机网络技术	70	已提交	详细打分情况
10861	周晓姝	计算机网络技术	71	已提交	详细打分情况
10872	侯伟	计算机通信	70	已提交	详细打分情况
10857	杨艳	计算机通信	69	已提交	详细打分情况
10858	张菊	计算机通信	75	已提交	详细打分情况
10846	徐阳	计算机通信	69	已提交	详细打分情况
10853	单立娟	计算机通信	71	已提交	详细打分情况
10836	刘惟光	计算机通信	77	已提交	详细打分情况
10825	冯丹	图形图像制作	68	已提交	详细打分情况
10842	郭子明	图形图像制作	59	已提交	详细打分情况
10843	李艳玲	图形图像制作	63	已提交	详细打分情况
10812	时延鹏	图形图像制作	78	已提交	详细打分情况
10845	张昉	图形图像制作	70	已提交	详细打分情况
10844	王皓	软件技术	77	已提交	详细打分情况
10852	陈雪莲	软件技术	73	已提交	详细打分情况
10868	于洋	软件技术	68	已提交	详细打分情况
10826	鄢大海	软件技术	68	已提交	详细打分情况
10816	徐春雨	软件技术	66	已提交	详细打分情况
10811	李中跃	软件技术	74	已提交	详细打分情况
10839	冷悦	软件技术	60	已提交	详细打分情况
10820	金凤	软件技术	69	已提交	详细打分情况
10834	周蔚	广告设计与制作	61	已提交	详细打分情况
10827	于淼	广告设计与制作	76	已提交	详细打分情况
10860	张颖雨	广告设计与制作	77	已提交	详细打分情况
10854	李玉坤	广告设计与制作	70	已提交	详细打分情况

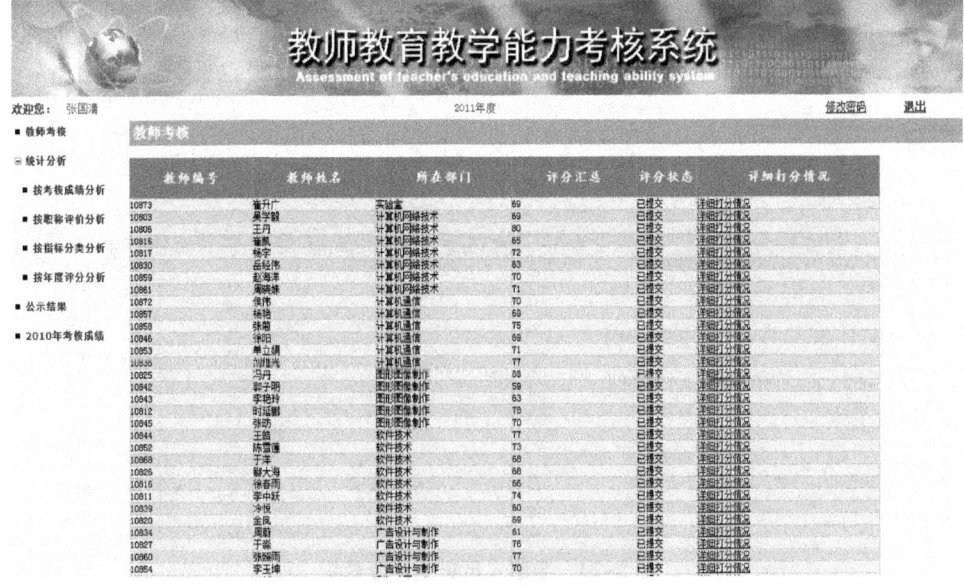

图 2–22　教师考核数据浏览

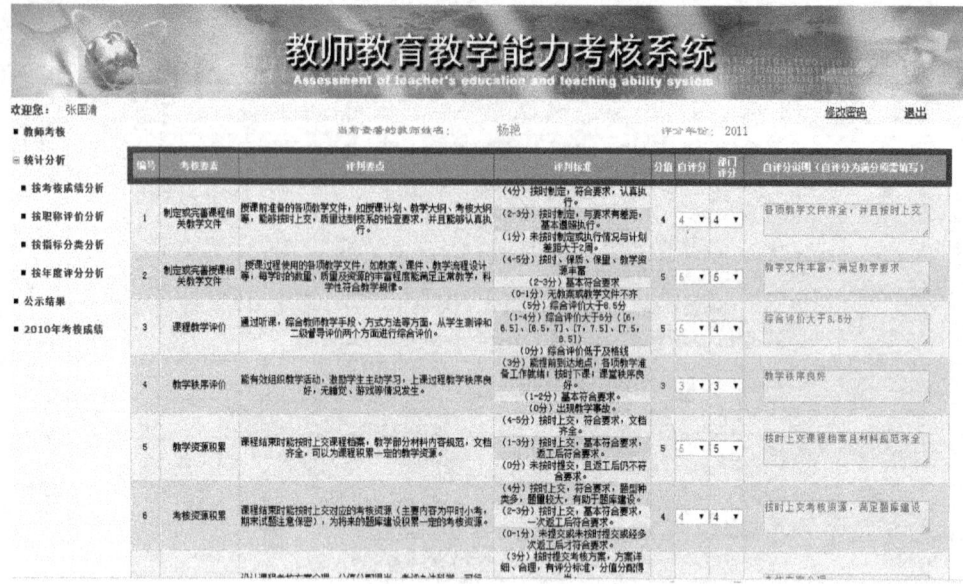

图 2-23　教师详细评分情况

（2）历史数据浏览。所有用户在数据公示之后能够查看历史数据。在"部门名称"下拉列表框中选择"所有部门"，在"查询时间"下拉列表框中选择历史年份，则显示全部教师该年度的评分情况，如图 2-24 所示。在"部门名称"下拉列表框中选择相应部门，在"查询时间"下拉列表框中选择历史年份，则显示该部门教师该年度的评分情况，如图 2-25 所示。

图 2-24　全部人员历史评分查看

图 2-25　按部门查看教师评分历史数据

（3）查看其他专业评分。专业主任能够查看其他专业教师的自评分情况。在"部门名称"下拉列表框中选择想要查看的专业名称，然后单击"查询"按钮，如图 2-26 所示。

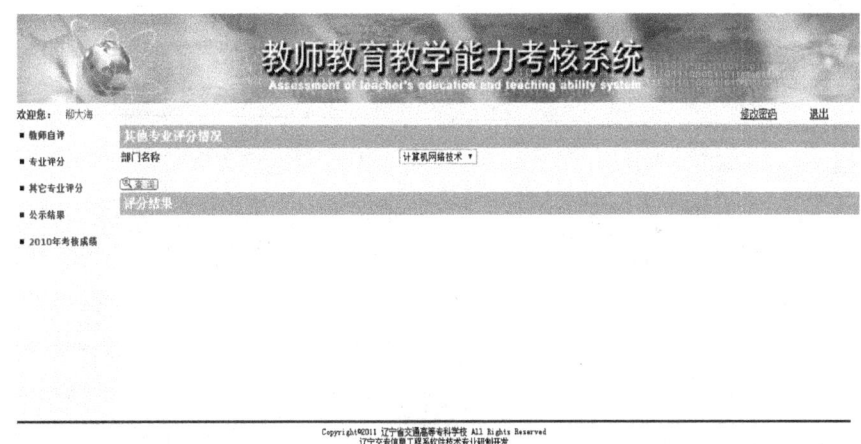

图 2-26　查看其他专业评分情况

5. 数据分析

系领导能够查看对全部教师的统计分析功能，包括按考核成绩分析、按职称评价分析、按指标分类评价分析和按年度评价分析等。

（1）按考核成绩分析。系领导登录之后，在"部门名称"下拉列表中选择要查看的部门名称，在"查询时间"下拉列表中选择要查看的年份，默认为系统当前年度。单击"查询"按钮查看该部门教师的考核成绩。当选择"所有部门"时按成绩由高到低的顺序查看所有教师的评分情况，如图 2-27 所示。

45

图 2-27 查看考核成绩

（2）按职称评价分析。系领导能够按照教师的职称来查看教师的考核成绩，包括教授、副教授、讲师和助教 4 个级别。系领导登录后，在"职称级别"下拉列表中选择要查看的职称类别，在"查询时间"下拉列表中选择要查看的年份，默认为系统当前年度。单击"查询"按钮查看该职称类别中教师的考核成绩，如图 2-28 所示。

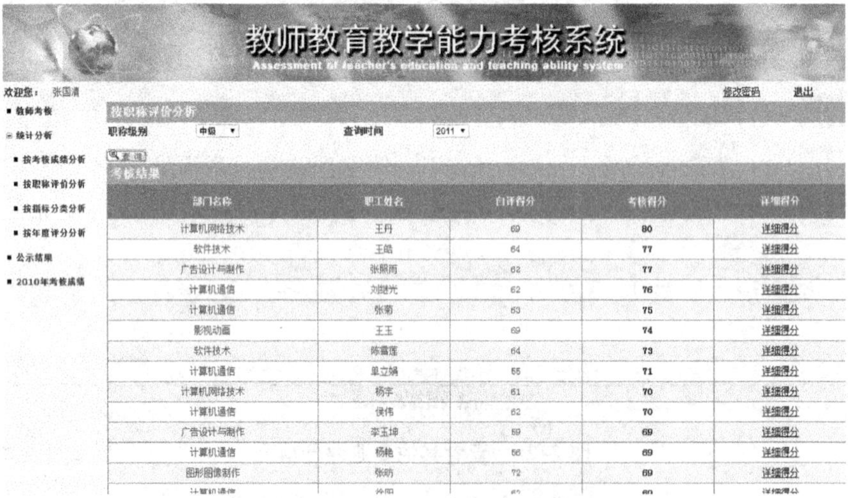

图 2-28 按职称类别查看教师考核成绩

（3）按指标分类评价分析。系领导能够按照评价的指标分类来查看教师对应指标的考核成绩，分别包括日常教学工作、专业发展能力和课程设计、开发与教学成果 3 个级别。系领导登录后，在"指标分类"下拉列表中选择想要查看的指标类别，在"部门名称"下拉列表中选择要查看的部门名称，在"查询时间"下拉列表中选择要查看的年份，默认为系统当前年度。单击"查询"按钮查看该类别指标的教师考核成绩。当选择"所有部门"时按成绩由高到低的顺序查看所有教师的此项指标类别的评分情况，如图 2-29 所示。

图 2-29　按指标分类查看全部教师考核成绩

（4）按年度评分分析。系领导能够按考核年度来查看教师各个历史年度的考核成绩。系领导登录后，在"部门名称"下列拉表中选择要查看的部门名称，单击"查询"按钮查看该类别指标的教师考核成绩。当选择"所有部门"时列出所有考核年度教师的考核成绩信息，同时用图形显示教师各年度的考核成绩对比，如图 2-30 所示。当选择对应部门时按成绩由高到低的顺序查看该部门所有教师的各年度考核成绩评分信息，同时用图形显示教师各年度的考核成绩对比，如图 2-31 所示。

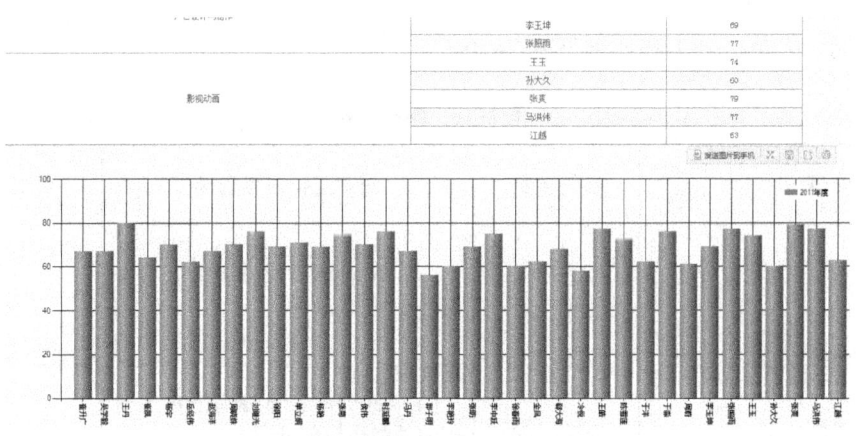

图 2-30　全部教师历年考核成绩分析

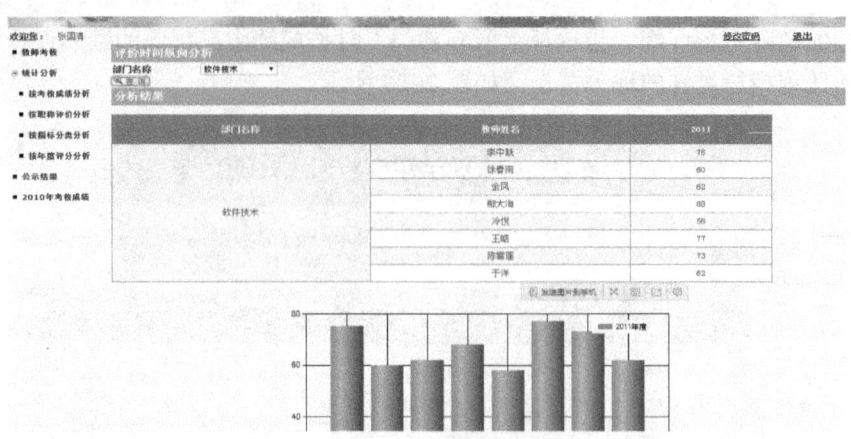

图 2-31 分部门查看教师历史年度考核

五、系统测试

1. 测试方案

（1）测试目的。本次测试主要是对信息工程系教师教育教学能力考核系统进行功能测试，即在 B/S 环境中按照系统需求进行业务流程的测试，力求发现系统中存在的软件缺陷。

（2）测试范围。按照需求文档进行的功能测试、UI 界面测试、文案测试。

（3）需求分解。根据需求分析，整个系统分为 5 个功能模块：登录、数据采集、数据公示与提交、数据排序浏览、后台管理。本次测试主要针对这 5 个，即功能模块和 UI 界面及文案进行测试。

（4）测试方法。采用的测试方法主要有等价类边界值测试方法、决策表测试方法、错误推测法等。

2. 测试计划

测试人员、分工和计划见表 2-10。

表 2-10 测试计划

测试阶段	时间安排	参与人员	测试工作内容安排	产出
制订测试方案	1 天	王皓、于洋	（1）大家一起研读需求说明书； （2）协商制订测试方案以及各自的分工； （3）一个人编写测试方案中的框架部分； （4）每个人各自编写方案中对应的功能模块部分； （5）测试方案整合和校稿	测试方案

续表

测试阶段	时间安排	参与人员	测试工作内容安排	产出
搭建测试环境	1天	王皓	（1）安装 Web 服务器； （2）安装数据库； （3）评价系统安装与配置	测试环境搭建成功
设计测试用例	3天	王皓、于洋	（1）编写登录模块的测试用例； （2）编写数据采集的测试用例； （3）编写数据公示与提交的测试用例； （4）编写数据排序浏览的测试用例； （5）编写后台管理的测试用例； （6）编写 UI 界面测试的测试用例； （7）编写文案测试的测试用例	测试用例
第一遍全面测试并记录测试结果，填写相应的 Bug 报告单	1天	王皓	执行测试用例并填写相应的 Bug 报告单	Bug 报告单
回归测试并记录测试结果，填写相应的 Bug 报告单	1天	王皓	执行测试用例并填写相应的 Bug 报告单	Bug 报告单
编写测试总结报告	1天	于洋	测试总结报告编写	测试总结报告

3. 测试用例

本系统测试用例的命名规则如下。

（1）功能测试用例编号命名规则为：项目名称+功能模块名称+流水编号。在教师考核评价系统（Teacher Evaluation System，TES）中，如 ZGX_LOGIN_01 中 ZGX 代表教师考核评价系统，LOGIN 代表登录模块，01 代表流水编号。

（2）其他测试用例命名规则：项目名称+测试分类+流水编号，例如 TES_UI_01，其中 TES 代表教师考核评价系统，UI 代表 UI 界面测试，01 为流水编号。

测试用例见表 2-11~表 2-16。

表 2–11 测试用例一

软件版本	V1.0			模块名称	登录模块		
用例编号	用例描述	重要程度	前提条件	操作（测试）步骤	预期结果	实际输出	是否通过
TES_LOGIN_01	输入正确的URL地址能否显示登录页面	非常重要	已知教师考核评价系统的URL地址	在浏览器地址栏输入"http://localhost:18556/teacherES/Specialty"	在浏览器中显示登录界面		
TES_LOGIN_02	使用普通教师身份能否登录到普通教师自评页面	非常重要	已知教师的用户名和密码	（1）在登录界面的用户名文本框中输入"10856"；（2）在密码框中输入"000000"；（3）单击"登录"按钮	进入普通教师页面		
TES_LOGIN_03	使用专业主任身份登录是否正确	非常重要	已知专业主任的用户名和密码	（1）在登录界面的用户名文本框中输入"10824"；（2）在密码框中输入"000000"；（3）单击"登录"按钮	进入专业主任页面		
TES_LOGIN_04	使用教学办身份登录是否正确	非常重要	已知教学办的用户名和密码	（1）在登录界面的用户名文本框中输入"10845"；（2）在密码框中输入"000000"；（3）单击"登录"按钮	进入教学办页面		
TES_LOGIN_05	使用系领导身份登录是否正确	非常重要	已知系领导的用户名和密码	（1）在登录界面的用户名文本框中输入"10816"；（2）在密码框中输入"000000"；（3）单击"登录"按钮	进入系领导页面		
TES_LOGIN_06	用户名正确，密码为空的情况	非常重要	已知教师用户名	（1）在登录界面的用户名文本框中输入"10868"；（2）单击"登录"按钮	提示请输入密码		
TES_LOGIN_07	密码正确，用户名为空的情况	非常重要		（1）在登录界面的密码框中输入"000000"；（2）单击"登录"按钮	提示请输入用户名		
TES_LOGIN_08	用户名和密码都为空的情况	非常重要		单击"登录"按钮	提示请输入用户名和密码		
TES_LOGIN_09	用户名正确，密码错误的情况	非常重要	已知教师用户名	（1）在登录界面的用户名文本框中输入"10868"；（2）在密码框中输入"838347"；（3）单击"登录"按钮	提示秘密错误，请重新输入		

续表

软件版本	V1.0			模块名称	登录模块		
用例编号	用例描述	重要程度	前提条件	操作（测试）步骤	预期结果	实际输出	是否通过
TES_LOGIN_10	用户名不存在的情况	非常重要		（1）在登录界面的用户名文本框中输入"886668"；（2）在密码框中输入"838347"；（3）单击"登录"按钮	提示用户名不存在		

表 2-12　测试用例二

软件版本	V1.0			模块名称	数据采集模块		
用例编号	用例描述	重要程度	前提条件	操作（测试）步骤	预期结果	实际输出	是否通过
TES_COLLECTION_01	教师自评页面分值下拉列表与暂存按钮测试	非常重要	可以正常登录到教师自评页面	（1）以于洋教师身份登录到自评页面；（2）在1～27项评分项的分值下拉列表框中都选择"1"；（3）单击"暂存"按钮	提示暂存成功		
TES_COLLECTION_02	教师自评页面暂存功能测试	非常重要	以于洋教师身份暂存了1～27项，分值都为"1"	以于洋教师身份登录到自评页面	可以显示之前暂存的分值		
TES_COLLECTION_03	教师自评页面分值下拉列表框与说明文本框和暂存按钮测试	非常重要	可以正常登录到教师自评页面	（1）以于洋教师身份登录到自评页面；（2）在1～27项评分项的奇数项中的分值下拉列表框中都选择"1"；（3）奇数项的说明文本中输入"有相关证明材料"；（4）单击"暂存"按钮	提示暂存成功		
TES_COLLECTION_04	教师自评页面暂存功能测试	非常重要	以于洋教师身份暂存了1～27奇数项的分值都为"1"和说明文本"有相关证明材料"	以于洋教师身份登录到自评页面	可以显示之前暂存的分值和说明文本		

续表

软件版本		V1.0		模块名称		数据采集模块		
用例编号	用例描述	重要程度	前提条件	操作（测试）步骤	预期结果	实际输出	是否通过
TES_COLLECTION_05	提交功能测试	非常重要	可以正常登录到教师自评页面	（1）以于洋教师身份登录到自评页面；（2）在1~27项评分项的奇数项中的分值下拉列表框中都选择"1"；（3）奇数项的说明文本中输入"有相关证明材料"；（4）单击"提交"按钮	提示请输入所有评分项后再提交		
TES_COLLECTION_06	提交功能测试	非常重要	可以正常登录到教师自评页面	（1）以于洋教师身份登录到自评页面；（2）在1~27项评分项的分值下拉列表框中都选择"1"；（3）说明文本中输入"有相关证明材料"；（4）单击"提交"按钮	提示成功提交		
TES_COLLECTION_07	提交功能测试	非常重要	以于洋教师身份暂存了1~27项的分值都为"1"和说明文本"有相关证明材料"	以于洋教师身份登录到自评页面	可以显示之前提交的分值和说明文本		
TES_COLLECTION_08	专业主任查看评分功能	非常重要	以陈雪莲专业主任身份登录	以陈雪莲专业主任身份登录到自评页面	（1）可以查看本专业教师自评情况；（2）切换到其他专业查看其他专业教师的自评分		
TES_COLLECTION_09	专业主任评分本专业教师功能	非常重要	以陈雪莲专业主任身份登录	以陈雪莲专业主任身份登录到自评页面	只能对本专业教师进行评价		

成果二 教师考核评价系统

续表

软件版本		V1.0			模块名称	数据采集模块		
用例编号	用例描述		重要程度	前提条件	操作（测试）步骤	预期结果	实际输出	是否通过
TES_COLLECTION_10	专业主任评分本专业教师功能		非常重要	以陈雪莲专业主任身份登录	（1）以陈雪莲专业主任身份登录到自评页面；（2）对于洋老师的分值给予测评；（3）单击"暂存"按钮	提示暂存成功		
TES_COLLECTION_11	专业主任身份暂存功能测试		非常重要	以陈雪莲专业主任身份对于洋老师的分值给予测评	以陈雪莲专业主任身份登录到自评页面	可以查看之前暂存的于洋的分值和说明		
TES_COLLECTION_12	专业主任身份提交功能测试		非常重要	以陈雪莲专业主任身份登录	（1）以陈雪莲专业主任身份登录到自评页面；（2）对本专业所有老师的分值给予测评；（3）单击"提交"按钮	提示提交成功		
TES_COLLECTION_13	专业主任身份提交功能测试		非常重要	以陈雪莲专业主任身份对本专业所有教师给予评价	以陈雪莲专业主任身份登录到自评页面	可以查看本专业中已经提交的信息		
TES_COLLECTION_14	以教学办身份查看和评分与专业主任身份相似，这里省略							
⋮								
TES_COLLECTION_19								

表2-13 测试用例三

软件版本		V（1）0			模块名称	数据公示与提交模块		
用例编号	用例描述		重要程度	前提条件	操作（测试）步骤	预期结果	实际输出	是否通过
TES_PUBLIC_01	系领导数据公示功能测试		非常重要	已知系领导的用户名和密码	以系领导用户名和密码登录系统	进入全系教师评价数据页面		

53

续表

软件版本	\	V（1）0	\	模块名称	数据公示与提交模块	\	\
用例编号	用例描述	重要程度	前提条件	操作（测试）步骤	预期结果	实际输出	是否通过
TES_PUBLIC_02	系领导数据公示功能测试	非常重要	已知系领导的用户名和密码	（1）以系领导用户名和密码登录系统；（2）单击"数据公示"	此时数据可以被所有教师浏览		
TES_PUBLIC_03	系领导数据提交功能测试	非常重要	已知系领导的用户名和密码	（1）以系领导用户名和密码登录系统；（2）单击"数据提交"	系内所有人员可以浏览到排序后的成绩		
TES_PUBLIC_04	数据公示期间如有异议可进行数据修改的功能测试	非常重要	（1）系领导已进行数据公示（2）已知专业主任用户名和密码	（1）以专业主任的身份登录系统；（2）对本专业教师的数据进行修改	数据公示期间对有异议的教师，专业主任可进行教师评价数据的修改		
TES_PUBLIC_05	系领导数据提交后是否可以修改数据测试	非常重要	系领导已进行了数据提交	以专业主任的身份登录系统	可以查看教师的评价数据，但不能进行修改		
TES_PUBLIC_06	系领导数据提交后是否可以修改数据的测试	非常重要	系领导已进行了数据提交	以教学办身份登录系统	可以查看教师的评价数据，但不能进行修改		
TES_PUBLIC_07	系领导数据提交后是否可以修改数据的测试	非常重要	系领导已进行了数据提交	以系领导的身份登录系统	可以查看教师的评价数据，但不能进行修改		

 成果二 教师考核评价系统

表2-14 测试用例四

软件版本		V（1）0			模块名称	数据排序与浏览模块		
用例编号	用例描述	重要程度	前提条件	操作（测试）步骤		预期结果	实际输出	是否通过
TES_SORT_01	第二学期总成绩浏览功能测试	非常重要	系领导已进行了数据公示或提交	以教师身份的用户名和密码登录系统		（1）进入到全系教师评价数据查看页面；（2）可查看指标1~8项之和		
TES_SORT_02	第二学期具体分值浏览功能测试	非常重要	系领导已进行了数据公示或提交	（1）以教师身份的用户名和密码登录系统；（2）单击某一教师的"详细分值"链接		可以查看该名教师1~8项指标的具体分值		
TES_SORT_03	第一学期总成绩浏览功能测试	非常重要	系领导已进行了数据公示或提交	以教师身份的用户名和密码登录系统		（1）进入全系教师评价数据查看页面；（2）可查看总成绩。总成绩=两个学期的（1~8项指标合+指标9~14项的合+15~27项指标的和）		
TES_SORT_04	第一学期具体分值浏览功能测试	非常重要	系领导已进行了数据公示或提交	（1）以教师身份的用户名和密码登录系统；（2）单击某一教师的"详细分值"链接		可以查看该名教师1~27项指标的具体分值		
TES_SORT_05	按照总成绩排序功能测试	非常重要	系领导已进行了数据公示或提交	（1）以教师身份的用户名和密码登录系统；（2）单击"总成绩排序"链接		显示以总成绩由高到低的排序结果		

55

续表

软件版本	V（1）0			模块名称	数据排序与浏览模块		
用例编号	用例描述	重要程度	前提条件	操作（测试）步骤	预期结果	实际输出	是否通过
TES_SORT_06	分专业排序功能测试	非常重要	系领导已进行了数据公示或提交	（1）以教师身份的用户名和密码登录系统； （2）单击"专业排序"链接	显示专业内部总成绩由高到低的排序结果		
TES_SORT_07	历史数据浏览功能测试	非常重要	系领导已进行了数据公示或提交	（1）以教师身份的用户名和密码登录系统； （2）在查看时间框中选择"2010—2011（2）" （3）单击"查看"	显示2010—2011（2）时的教师评价数据		

表 2–15　测试用例五

软件版本	V1.0			测试项目	UI 界面		
用例编号	用例描述	重要程度	前提条件	操作（测试）步骤	预期结果	实际输出	是否通过
TES_UI_01	以教师身份登录页面，查看UI界面情况	一般重要	已知教师身份的用户名和密码	以教师身份的用户名和密码登录系统	界面美观、易操作、符合常用习惯、没有错位或变形的控件		
TES_UI_02				……			
TES_UI_03	以其他身份登录系统，查看各页面的 UI 界面情况						

表 2–16　测试用例六

软件版本	V1.0			测试项目	文案测试		
用例编号	用例描述	重要程度	前提条件	操作（测试）步骤	预期结果	实际输出	是否通过
TES_COPY_01	以教师身份登录页面，查看页面文案情况	一般重要	已知教师身份的用户名和密码	以教师身份的用户名和密码登录系统	页面中文字无错别字、语言表述无二义性、文字表述正确明白		

续表

软件版本	V1.0			测试项目	文案测试		
用例编号	用例描述	重要程度	前提条件	操作（测试）步骤	预期结果	实际输出	是否通过
TES_COPY_02	......						
TES_COPY_03	以其他身份登录系统，查看各页面的文案情况						

4. Bug 提交

软件名称	教师考核评价系统	软件版本	V1.0
浏览器	谷歌浏览器	用例编号	TES_SORT_05
Bug 编号	BUG_SORT_01	Bug 标题	排序 Bug
Bug 类型	重要	Bug 状态	已解决
严重等级	严重	解决优先级	高
Bug 描述			
以赵红岩身份进入 1. 排序。 2. 这种计算公式有问题，与陈雪莲面谈。			
Bug 截图			

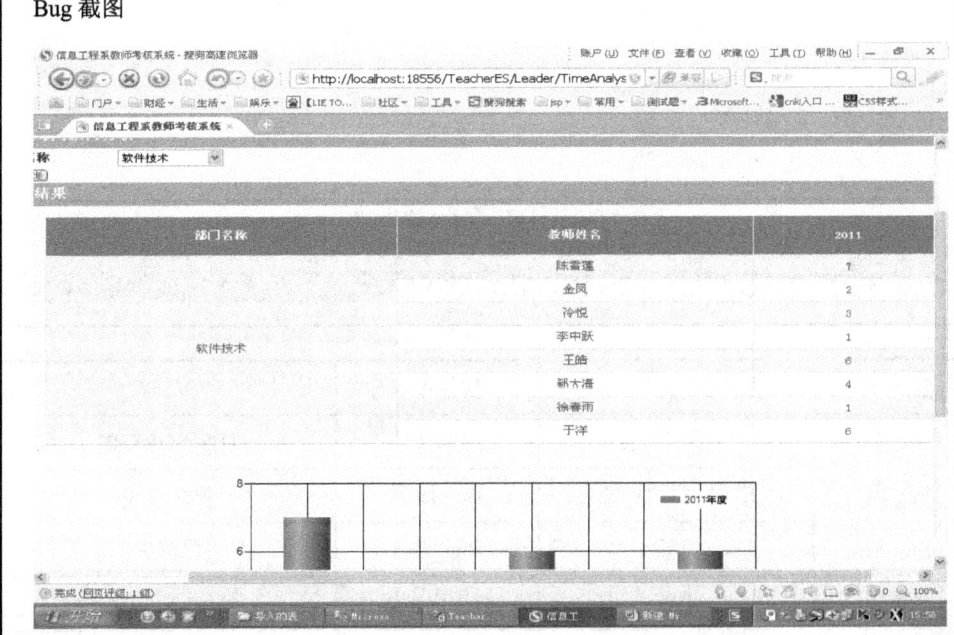

软件名称	教师考核评价系统	软件版本	V1.0
浏览器	谷歌浏览器	用例编号	TES_COLLECTION_02
Bug 编号	BUG_COLLECTION_01	Bug 标题	排序 Bug
Bug 类型	重要	Bug 状态	已解决
严重等级	严重	解决优先级	高

Bug 描述

自评全错。建议不要这一列。

单击"详细链接"后,进入的页面有问题。

Bug 截图

软件名称	教师考核评价系统	软件版本	V1.0
浏览器	谷歌浏览器	用例编号	TES_SORT_02
Bug 编号	BUG_SORT_02	Bug 标题	排序 Bug
Bug 类型	重要	Bug 状态	已解决
严重等级	严重	解决优先级	高

续表

Bug 描述
以赵红岩身份登录：
1. 建议不要自评，因为错误。
2. 考核分数错误。
3. 详细得分有问题。

Bug 截图

软件名称	教师考核评价系统	软件版本	V1.0
浏览器	谷歌浏览器	用例编号	TES_UI_01
Bug 编号	BUG_UI_01	Bug 标题	排序 Bug
Bug 类型	一般	Bug 状态	已解决
严重等级	一般	解决优先级	一般
Bug 描述 以郝大海身份进来后，说明没有文字。			

续表

Bug 截图

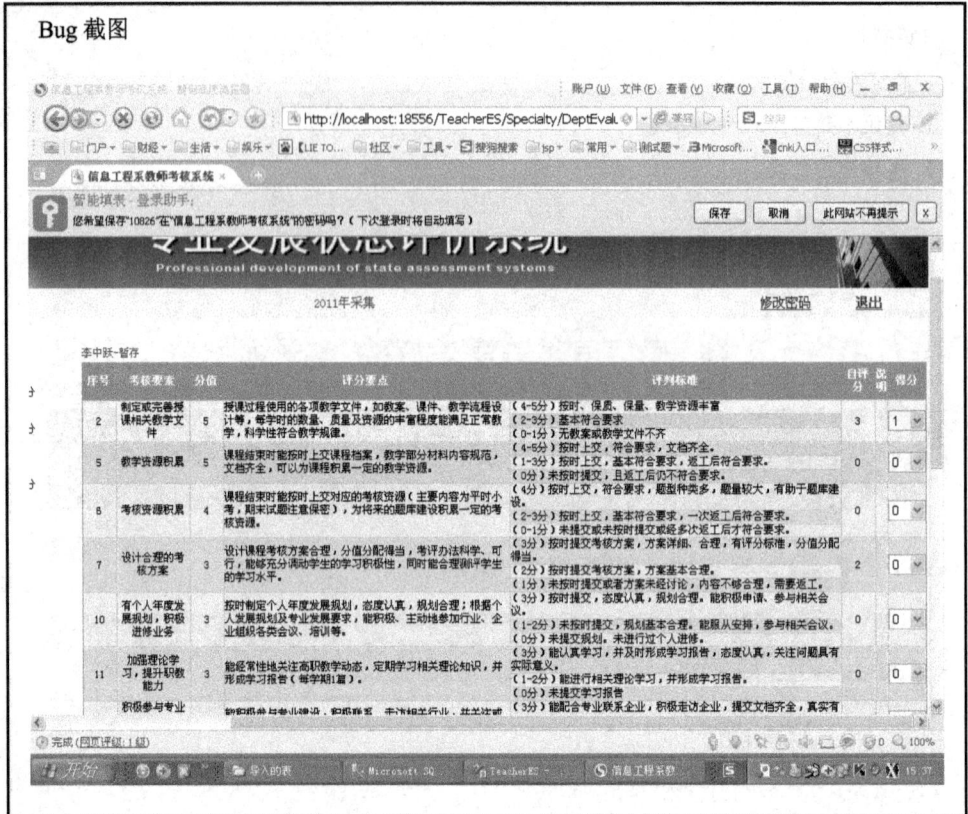

软件名称	教师考核评价系统	软件版本	V1.0
浏览器	谷歌浏览器	用例编号	TES_UI_01
Bug 编号	BUG_UI_02	Bug 标题	排序 Bug
Bug 类型	一般	Bug 状态	已解决
严重等级	一般	解决优先级	一般
Bug 描述 以郝大海身份进来后，说明的文字格式怪异。 以系办的身份进入后，同理。			

续表

Bug 截图

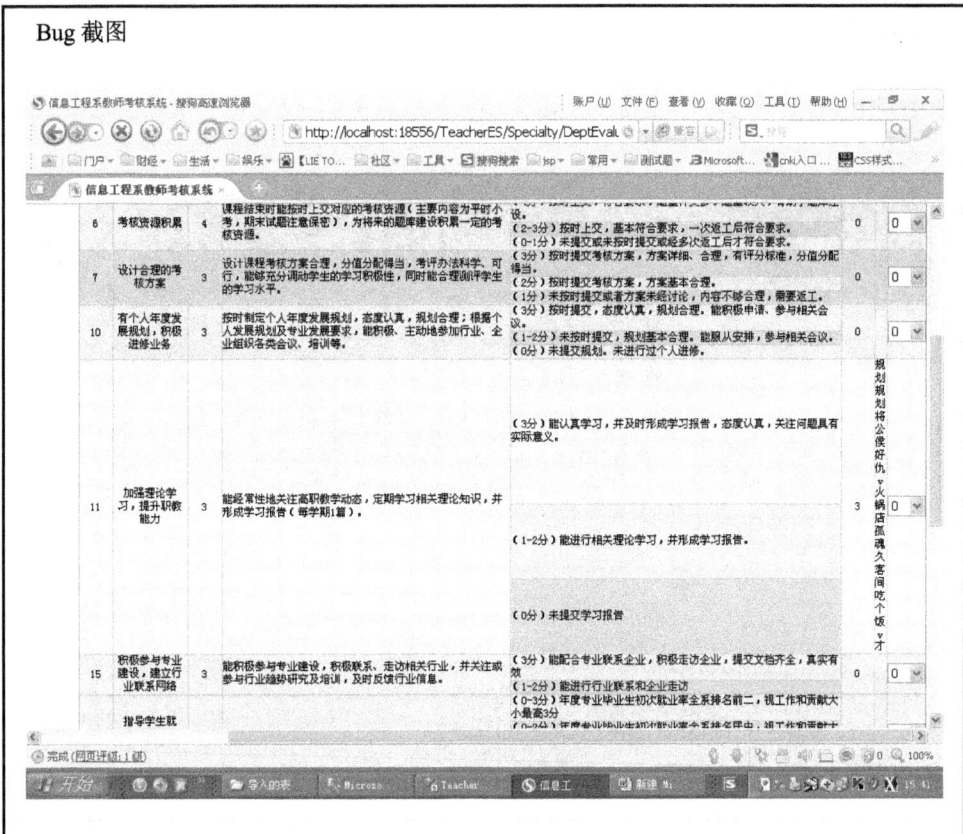

软件名称	教师考核评价系统	软件版本	V1.0
浏览器	谷歌浏览器	用例编号	TES_UI_01
Bug 编号	BUG_UI_03	Bug 标题	排序 Bug
Bug 类型	一般	Bug 状态	已解决
严重等级	一般	解决优先级	一般
Bug 描述 以刘继光身份进入后，查看软件的评分，单击"详细得分"，连接后的界面有问题。陈雪莲，所有关于此类的链接都有同样问题。			

续表

Bug 截图

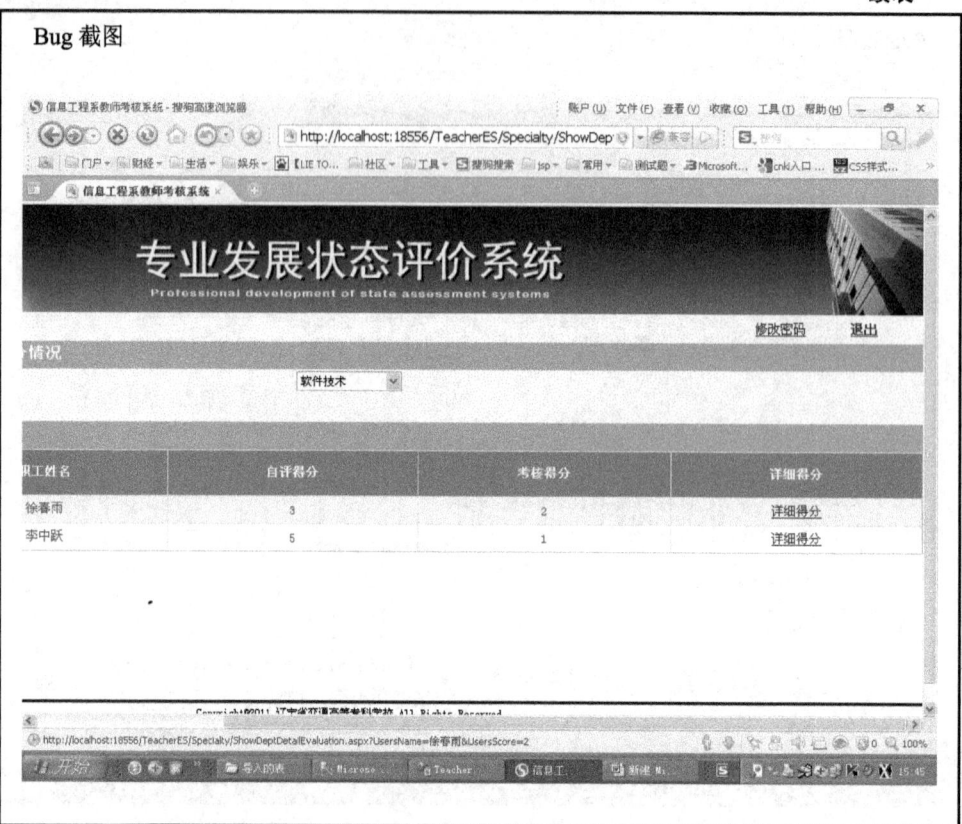

软件名称	教师考核评价系统	软件版本	V1.0
浏览器	谷歌浏览器	用例编号	TES_UI_01
Bug 编号	BUG_UI_04	Bug 标题	排序 Bug
Bug 类型	一般	Bug 状态	已解决
严重等级	一般	解决优先级	一般
Bug 描述 郗大海的问题：领导进来的时候，应该提示是给哪个老师修改的，现在的界面见截图。			

续表

Bug 截图

软件名称	教师考核评价系统	软件版本	V1.0
浏览器	谷歌浏览器	用例编号	TES_UI_01
Bug 编号	BUG_UI_05	Bug 标题	排序 Bug
Bug 类型	一般	Bug 状态	已解决
严重等级	一般	解决优先级	一般
Bug 描述 郝大海：还是上个界面，说明的文字显示一半。			

63

续表

Bug 截图

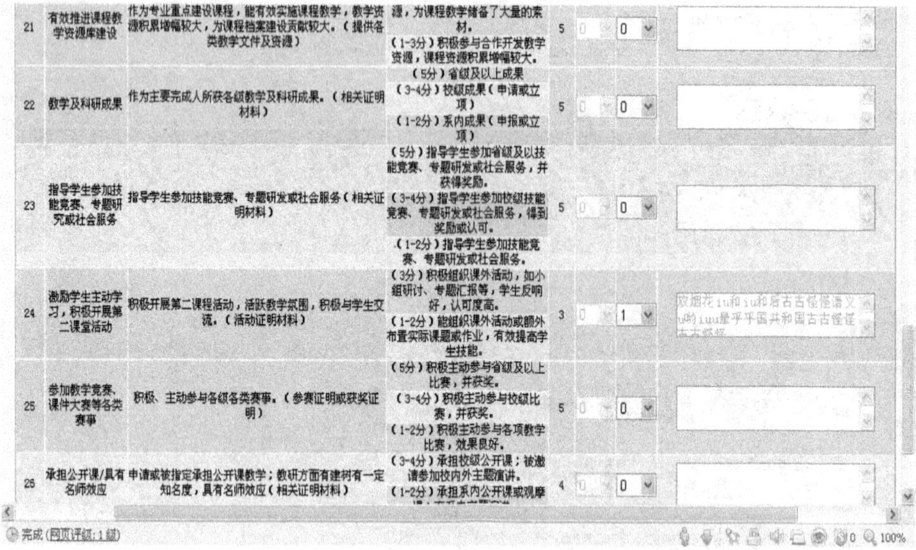

5. 测试总结

测试用例执行和 Bug 提交情况见表 2-17。

表 2-17　测试总结

模块名称	测试用例个数	Bug 提交个数
登录模块	10	0
数据采集模块	19	1
数据公示与提交模块	7	0
数据排序浏览模块	7	2
UI 界面	约 45	5
文案	约 36	1

测试结论：通过测试共发现 Bug 有 9 个，已提交并修改。软件从功能上满足需求文档的要求，界面美观，易操作，符合常用习惯，没有错位或变形的控件，页面中文字无错别字，语言表述无二义性，文字表述正确明白。

成果三 企业后台信息管理系统

完成单位：辽宁建筑职业学院
完 成 人：杨晶洁

一、需求分析

1. 需求描述

企业后台信息管理系统是企业内部的设备信息管理系统，是连接企业内部各生产部门的桥梁与纽带，起着核心作用。本系统会提高办公效率和设备可靠性，减轻工作人员的劳动强度，减少办公耗材，提高现代化管理水平。企业面对市场竞争的巨大压力，要求企业创造新的利润源，这为企业如何配置有限资源，利用先进计算机技术不断开发出操作简便、界面友好、灵活、实用、安全，更具时效性的设备信息管理系统有着更高的要求。企业设备状况管理信息系统实现了企业设备管理工作中对设备状况的具体管理，系统主要包括设备状况管理、设备状况查询和系统管理三部分。设备状况管理部分完成设备维修记录的登记和修改，这部分仅供被授权的设备管理人员使用；设备状况查询部分实现设备工作状态情况的查询，这部分操作供已注册的工人使用；系统管理部分完成对设备管理人员、工人、设备情况等基础信息的维护管理，供系统管理员使用。

2. 系统实现目标

本系统主要实现了工厂日常生产设备的使用记录及其维修保养记录，通过本软件的管理，能够降低企业在设备管理与维护上的人员成本，同时提高生产效率。

根据企业对后台数据管理的要求，制订企业后台信息管理系统目标如下。

（1）操作简单方便，界面简洁美观。

（2）系统管理部分由系统管理员使用，负责完成系统初始化和对用户权限的分级管理，可以对用户进行添加、修改、删除操作。

（3）方便、快捷的全方位数据查询。

（4）设备维修记录部分由注册的设备管理员使用，负责设备维修记录的登记和修改工作。

　　（5）设备状况查询部分由注册的工人使用，负责完成设备状况的查询工作。

　　（6）实现数据库的备份、还原及清空操作。

　　（7）由于该系统的实用对象较多，要求有较好的权限管理。

　　（8）要求系统运行稳定、安全可靠。

3. 开发工具的选择

　　本系统技术上采用了主流的 Spring+Struts 2+MyBatis 架构，能够使代码的层次明了，提高代码的复用率，降低硬件上的要求，同时由于这些技术架构都是开源的，降低了企业在软件上的投入成本。Spring 框架是由于软件开发的复杂性而创建的，Spring 使用的是基本的 JavaBean 来完成以前只可能由 EJB 完成的事情。然而，Spring 的用途不仅仅限于服务器端的开发。从简单性、可测试性和松耦合性的角度而言，绝大部分 Java 应用都可以从 Spring 中受益。

　　Struts 2 是一个基于 MVC 设计模式的 Web 应用框架，它本质上相当于一个 Servlet，在 MVC 设计模式中，Struts 2 作为控制器来建立模型与视图的数据交互。Struts 2 以 WebWork 为核心，采用拦截器的机制来处理用户的请求，这样的设计也使得业务逻辑控制器能够与 Servlet API 完全脱离开，所以 Struts 2 可以理解为 WebWork 的更新产品。MyBatis 是支持普通 SQL 查询、存储过程和高级映射的优秀持久层框架。MyBatis 消除了几乎所有的 JDBC 代码和参数的手工设置以及结果集的检索。MyBatis 使用简单的 XML 或注解用于配置和原始映射，将接口和 Java 的 POJOs（Plain Old Java Objects，普通的 Java 对象）映射成数据库中的记录。

4. 系统主要建模

　　在业务用例和业务活动的基础上需要进行系统建模，也就是抽象出系统相关的类及其关联。

　　1）用例的分析

　　在面向对象的系统分析中，主要内容是类的分析，应用统一建模语言 UML 的表现形式是类图。类图描述系统的静态结构，反映类之间的关系。类图中每个类包含属性和操作两部分。类图的分析和设计就是要确定类的属性和操作以及确定类之间的关系。

　　根据对管理信息系统需求分析阶段用例的描述，可从问题域中提出所有相关名称作为暂定类，然后判断属性和操作，删除那些模糊类、冗余类和不相干类，便可得到系统正式的类，企业设备状况管理信息系统的用例图如图 3-1～图 3-3 所示。

 企业后台信息管理系统

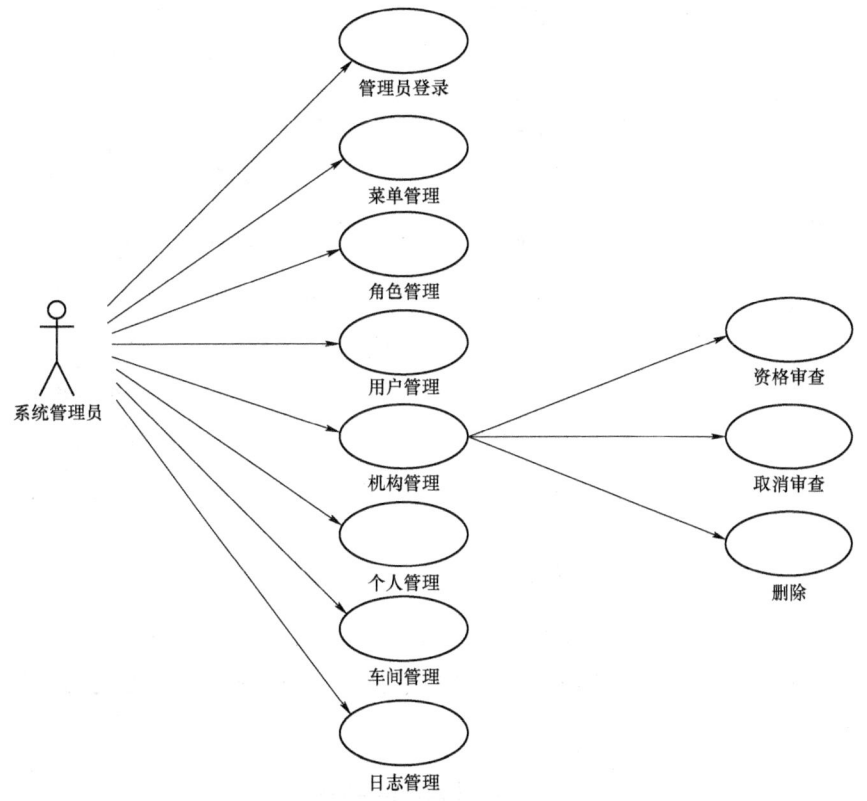

图 3-1 系统管理员用例图

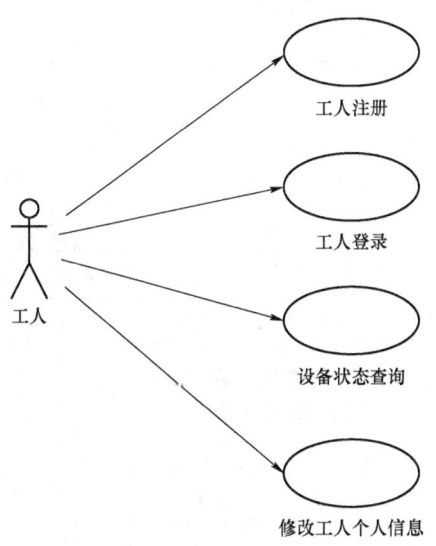

图 3-2 工人用例图

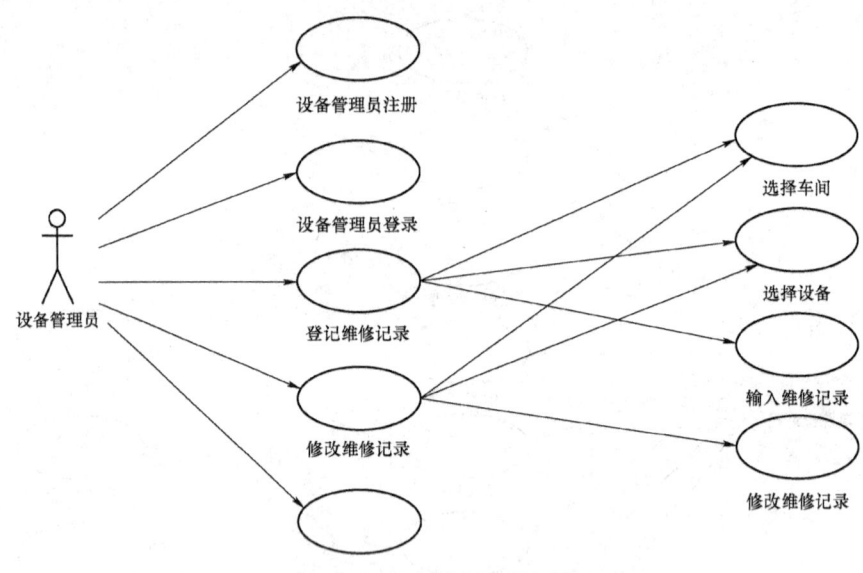

图 3-3 设备管理员用例图

在明确业务需求后,需要通过用例图进一步对业务进行描述,以构建系统业务模型。表 3-1 为对该应用系统用例的主要文档化的描述,也就是对用例图的补充陈述。

表 3-1 系统用例描述表

用例名称	参与执行者	前置条件	主事件流
管理登录	系统管理员	应用系统客户端程序运行	系统管理员输入自己的用户名和口令。如果口令正确,则运行系统管理界面;如果口令错误,则给出错误信息,拒绝登录
菜单管理	系统管理员	系统管理员登录成功	增加新的菜单信息,更新或删除已有的菜单信息
角色管理	系统管理员	角色维护完成	选择角色名称,输入新的角色编号和角色名称,更新或删除已有的角色信息
用户管理	系统管理员	系统管理员登录成功	增加新的用户,修改或删除用户
机构管理	系统管理员	系统管理员登录成功设备管理员已完成注册工作	审核已注册设备管理员的合法性,取消已通过审核的设备管理员的登记维修记录权限,删除已注册设备管理员的信息
个人管理	系统管理员	系统管理员登录成功工人已完成注册工作	增加、更新或删除工人的个人信息
车间管理	系统管理员	系统管理员成功登录	增加新的车间信息,对已有的车间信息进行更新或删除
日志管理	系统管理员	系统管理员成功登录	维护设备状况的配置信息

 企业后台信息管理系统

续表

用例名称	参与执行者	前置条件	主事件流
设备管理员注册	设备管理员	设备管理员操作主界面的正常运行	输入设备管理员个人用户名、密码、真实姓名、所属系部和 E-mail 信息，提交注册信息
设备管理员登录	设备管理员	设备管理员注册成功已通过管理员的审核授权	设备管理员输入用户名和口令。如果口令正确，运行设备管理界面；如果口令错误，给出错误信息，拒绝登录
登录维修记录	设备管理员	设备管理员登录成功	选择车间选择设备输入维修记录
修改维修记录	设备管理员	设备管理员登录成功	选择车间选择设备修改有错误标识的维修记录
修改设备管理员个人信息	设备管理员	设备管理员登录成功	更新除了真实姓名以外的个人信息提交修改结果
工人注册	工人	工人操作主界面正常运行	输入工人密码，真实姓名，所属部门和 E-mail 信息，提交注册信息
工人登录	工人	工人注册成功	工人输入口令如果口令正确，运行管理界面如果口令错误，拒绝登录，给出错误信息
设备状况查询	工人	工人成功登录，设备管理员已登记完维修记录	查询设备的运行状态
修改工人个人信息	工人	工人登录成功	更改个人信息（除姓名）提交更新后的结果

2）类的分析

类图进行细化，包括确定类的属性和增加类的操作两部分工作。对具体类的属性，主要考虑与具体应用直接相关的、重要的属性，不考虑那些超出问题范围、只用于实现的属性，并且为属性取有意义的名称。"企业后台信息管理系统"类的属性如图 3-4 所示。

在该系统的类属性中，属性 DriverName 和 URL 用来连接后台数据库管理系统服务器。对系统的类采用"自底向上"和"自顶向下"的方法进一步细化。

类图是系统的静态模型，在此还需要建立系统的动态模型，从而充实各个类中的操作内容。从需求分析阶段业务流程的事件序列、业务用例描述和系统类模型中行的关系中抽取系统的主要动态行为。下面绘制出向数据库中插入记录的活动图，如图 3-5 所示。

"企业后台信息管理系统"类的操作主要包括：对类属性的读/写操作；类与数据库的操作，即连接/打开/关闭数据库、插入/更新/删除类信息。

通过对"企业后台信息管理系统"类的分析、设计建模，总结其过程如下。
① 确定初始类图。
② 提取类的属性。
③ 细化类图。

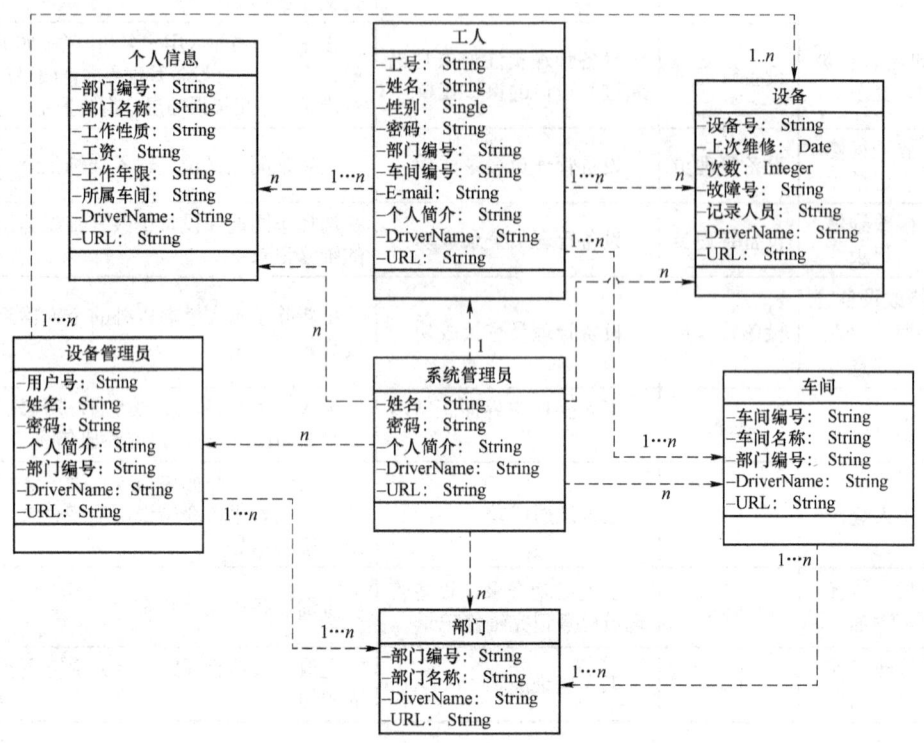

图 3-4　企业后台信息管理系统

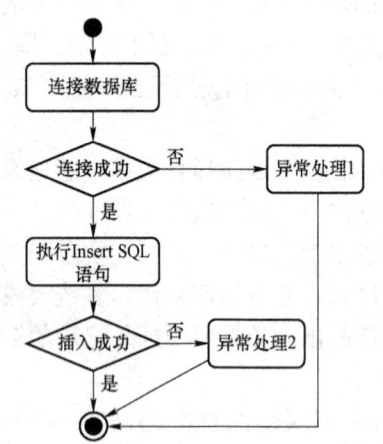

图 3-5　向数据库中插入记录的活动图

类之间的关系就是关联，关联常用描述性动词或动词词组表示，其中有物理位置表示、传导动作、通信、所有者关系及满足条件等。提取关联的方法与提取类相似，首先应根据问题域提取模型中所有可能的关联，然后去掉不正确和不必要的关联。系统的初始类图如图 3-6 所示。

5. 系统活动图描述及分析

企业设备状况管理信息系统由系统管理（系统管理员）、设备状况管理（设备管理员）和设备状况查询（工人）三部分组成。

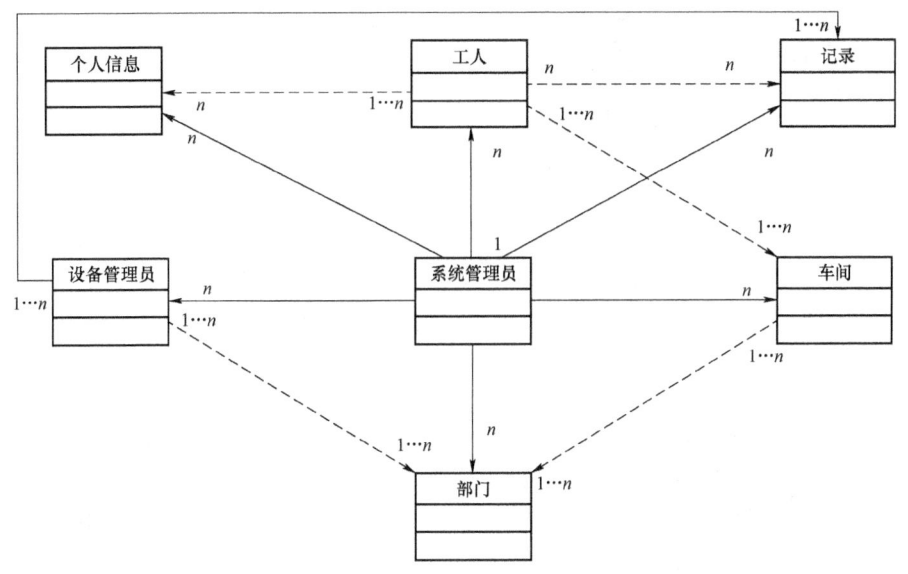

图 3-6 "企业后台信息管理系统"初始类图

系统管理部分由系统管理员使用，负责完成系统初始化和对用户权限的分级管理，其业务流程活动图如图 3-7 所示。

设备维修记录部分由注册的设备管理员使用，负责设备维修记录的登记和修改工作，设备维修记录活动图如图 3-8 所示。

设备状况查询部分由注册的工人使用，负责完成设备状况的查询工作，设备状况查询活动图如图 3-9 所示。

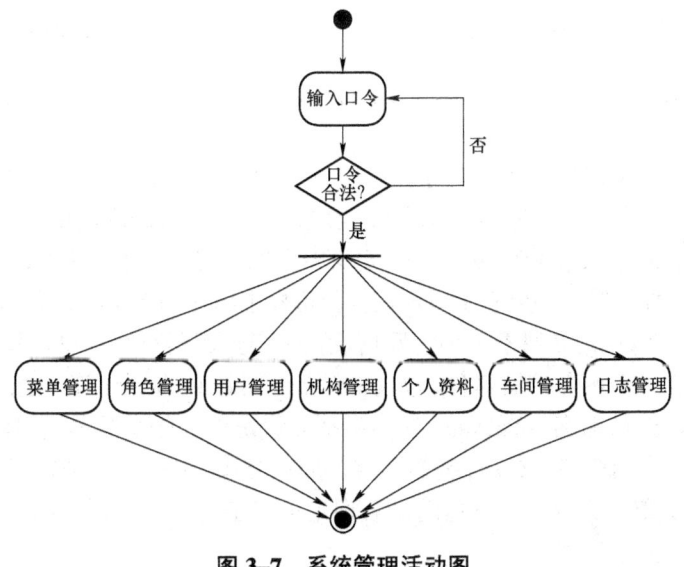

图 3-7 系统管理活动图

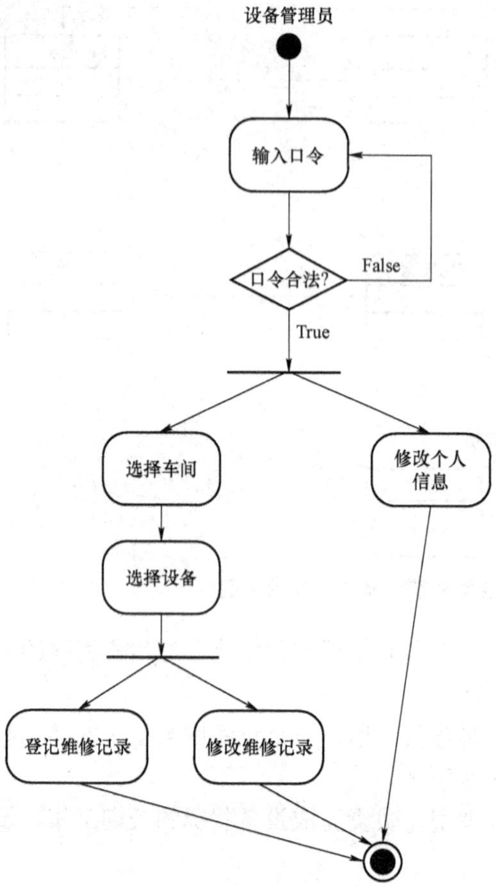

图 3-8 设备维修记录活动图 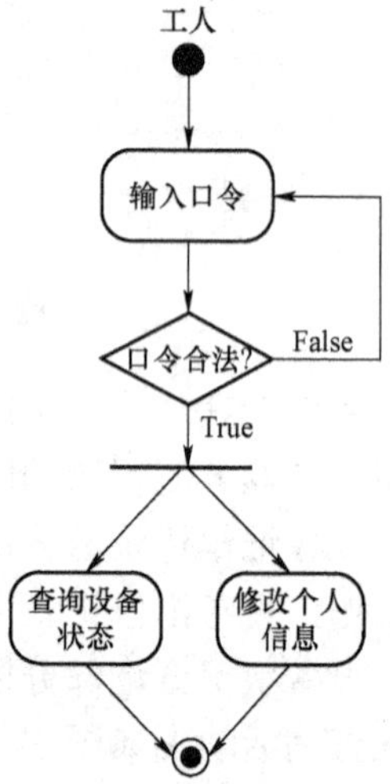　　　图 3-9 设备状况查询活动图

至此，企业后台信息管理系统的业务需求分析的主要内容已经完成。

6. 编码规则

（1）类名首字母应该大写。字段、方法及对象（句柄）的首字母应小写。对于所有标识符，其中包含的所有单词都应紧靠在一起，而且大写中间单词的首字母。例如，thisIsMethodOrFieldName。若在定义中出现了常数初始化字符，则大写 static final 基本类型标识符中的所有字母，这样便可标志出它们属于编译期的常数。

Java 包（Package）属于一种特殊情况，它们全都是小写字母，即便中间的单词也是如此。对于域名扩展名称，如 com、org、net 或者 edu 等，全部都应小写。

① Package 的命名。Package 的名字都应该是由一些小写单词组成的。

② Class 类的命名。Class 类的名字都应该是由一些大写字母或单词组成的。

③ Class 变量的命名。变量的命名规定小写字母开头，后面的单词用大写字母开头。

④ 参数的命名。参数的名称必须与变量的命名规范一致。

⑤ 数组的命名。数组应该这样命名。例如，char [ ] a，而不是 char a [ ]。

⑥ 方法的参数。使用有意义的参数命名，如果可能，使用赋值字段一样的名字。例如，Serage（int age）{this.age=age；}。

（2）为了常规用途而创建一个类时，应采取"经典形式"，并包含对下述元素的定义：

```
hashCode()
toString()
    clone()(implement Cloneable)
```

（3）对于自己创建的每个类，都考虑置入一个 main（），其中包含用于测试该类的代码。

（4）应将方法设计成简要的、功能性单元，用它描述和实现一个不连续的类接口部分。理想情况下，方法应简明扼要。若长度很大，可考虑通过某种方式将其分割成较短的几个方法。这样做也便于类内代码的重复使用。

（5）设计一个类时，类的使用方法应该是非常明确的，然后预计有可能进行哪些形式的修改，想想用什么方法可把它们变得更简单。

（6）使类尽可能短小精悍，而且只解决一个特定的问题。

如果是一个复杂的开关语句，可考虑采用"多形"机制；如果数量众多的方法涉及类型差别极大的操作，可考虑用几个类来分别实现；如果许多成员变量在特征上有很大的差别，可考虑使用几个类。

（7）让一切东西都尽可能地"私有（private）"。可使库的某一部分"公共化"（一个方法、类或者一个字段等），就永远不能把它拿出。若强行拿出，就可能破坏其他人现有的代码，使他们不得不重新编写和设计。在多线程环境中，隐私是特别重要的一个因素（只有 private 字段才能在非同步使用的情况下受到保护）。

（8）警惕"巨大对象综合征"。对一些习惯于顺序编程思维、且初涉 OOP 领域的新手，往往喜欢先写一个顺序执行的程序，再把它嵌入一个或两个巨大的对象里。根据编程原理，对象表达的应该是应用程序的概念，而非应用程序本身。

（9）若不得已进行一些不太雅观的编程，至少应该把那些代码置于一个类的内部。

（10）尽可能细致地加上注释，并用 javadoc 注释文档语法生成自己的程序文档。

（11）避免使用"魔术数字"，这些数字很难与代码很好地配合。

（12）涉及构建器和异常的时候，通常希望重新丢弃在构建器中捕获的任何异常（如果它造成了那个对象的创建失败）。

（13）当客户程序员用完对象以后，若你的类要求进行任何清除工作，可考虑将清除代码置于一个定义好的方法里，采用类似 cleanup（）的名字，明确表明自己的用途。此外，可在类内放置一个 boolean（布尔）标记，指出对象是否已被清除。

（14）在一个特定的作用域内，若一个对象必须清除（非由垃圾收集机制处理），可采用初始化对象的方法；若成功，则立即进入一个含有 finally 从句的 try 块，开始清除工作。

（15）尽量使用 interface（接口），不要使用 abstract（抽象）类。若已知某样东西准备成为一个基础类，那么第一个选择应是将其变成一个 interface。只有在不得不使用方法定义或者成员变量的时候，才需要将其变成一个 abstract 类。接口主要描述了客户希望做什么事情，而一个类则致力于（或允许）具体的实施细节。

（16）在构建器内部，只进行那些将对象设为正确状态所需的工作。尽可能地避免调用其他方法，因为那些方法可能被其他人覆盖或取消，从而在构建过程中产生不可预知的结果。

（17）对象不应只是简单地容纳一些数据，它们的行为也应得到良好的定义。

（18）在现成类的基础上创建新类时，请首先选择"新建"或"创作"。只有自己的设计要求必须继承时，才应考虑这方面的问题。若在本来允许新建的场合使用了继承，则整个设计会变得异常复杂。

（19）用继承及方法覆盖来表示行为间的差异，而用字段表示状态间的区别。一个非常极端的例子是通过对不同类的继承来表示颜色，这是应该避免的，而应直接使用一个"颜色"字段。

（20）为避免编程时遇到麻烦，应保证在自己类路径指到的任何地方，每个名字都仅对应一个类；否则，编译器可能先找到同名的另一个类，并报告出错消息。若怀疑自己碰到了类路径问题，可试试在类路径的每一个起点搜索一下同名的.class 文件。

7. 运行环境

1）软件平台

（1）操作系统：Windows XP/7 或更高版本

（2）软件架构设计：Spring+Struts2+MyBatis 的架构；Microsoft Visio 2010。

（3）数据库：MySQL5.6。

2）硬件平台

（1）CPU：2×2.4 GHz（Intel E5-2609，4 核）。

（2）内存：16 GB 内存（4×4 GB），用来执行 Web 应用。

（3）硬盘：2×600 GB SAS 硬盘。

（4）其他：打印机。

二、概要设计

在需求分析确定之后，需要对系统进行整体分析和设计。这包括系统功能的描述、对系统功能模块的划分以及对数据库的设计。

1. 系统功能描述

（1）主界面介绍。主界面是程序操作过程中必不可少的，它是人机交互中

 企业后台信息管理系统

最重要的环节。通过主界面，用户可以调用系统相关的各个子模块，快速掌握本系统的实现功能及操作方法，判断当前用户对各模块的使用权限。当登录窗体验证成功后，用户将进入主窗体，主窗体被分为3个部分：最左面的是系统的菜单栏，可以调用系统中的所有子窗体；可以通过树形列表完整地实现该系统的所有子窗体及其调用；在窗体的最下面，用状态栏显示当前登录的用户名，如图3-10所示。

图3-10　系统总界面

（2）系统功能结构框图如图 3-11 所示。

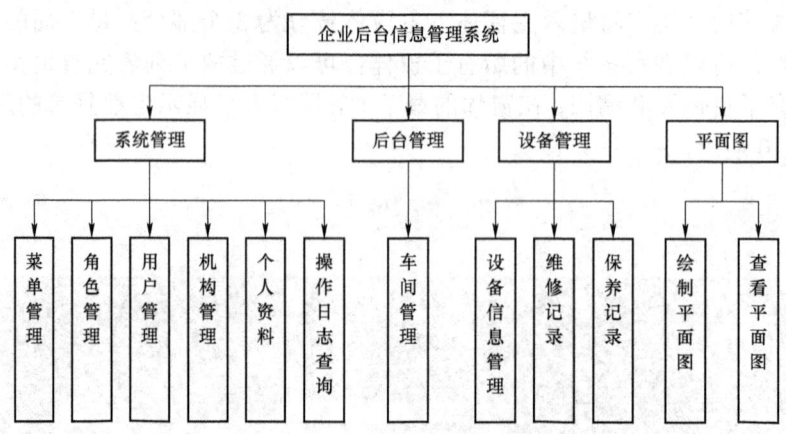

图 3-11　系统功能结构框图

2. 系统功能模块的划分

根据系统结构图的设计，本系统分为以下 4 个模块。

（1）系统管理。菜单管理、角色管理、用户管理、机构管理、个人资料和操作日志查询。

（2）后台管理。车间管理。

（3）设备管理。设备信息管理、维修记录和保养记录。

（4）平面图。绘制平面图、查看平面图。

设备管理子系统的功能框图如图 3-12 所示。

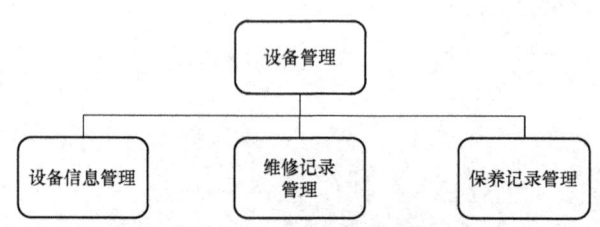

图 3-12　设备管理子系统的功能框图

3. 数据库的设计

数据库共包含 24 张表，分别是系统菜单表、系统出错表、系统分组表、用户表、车间表、设备状态表、设备维修表、设备保养记录表等。图 3-13 所示为数据库的总体设计。

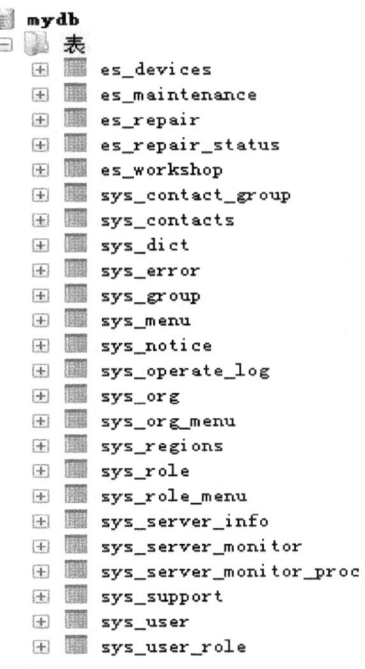

图 3-13 数据库的总体设计

接下来介绍每张表的组成和设计情况。

（1）es_devices 表结构见表 3-2。

表 3-2 es_devices 表结构

字段								
字段描述	字段类型长度	对照序列	可为空否	关键字	默认值	备注	描述
id	int（11）	（NULL）	NO	PRI	（NULL）	auto_increment	设备 ID
devicesCode	varchar（20）	utf8_general_ci	NO	UNI	（NULL）		设备编号
specifications	varchar（100）	utf8_general_ci	NO		（NULL）		规格型号
cost	decimal（13,2）	（NULL）	NO		（NULL）		设备价值
productionDate	date	（NULL）	NO		（NULL）		出厂日期
serviceLife	float	（NULL）	NO		（NULL）		使用年限
manufacturer	varchar（200）	utf8_general_ci	NO		（NULL）		制造商
depreciation	float	（NULL）	NO		（NULL）		折旧
workshopId	int（11）	（NULL）	YES	MUL	（NULL）		车间 ID

77

续表

字段									
字段描述	字段类型长度	对照序列	可为空否	关键字	默认值	备注	描述		
locationX	float	（NULL）	YES		（NULL）		平面图 X 轴位置		
locationY	float	（NULL）	YES		（NULL）		平面图 Y 轴位置		
runStatus	int（11）	（NULL）	NO		（NULL）		设备运转情况：1—正常；2—有问题尚能运行；3—已停机		
devicesName	varchar（100）	utf8_general_ci	NO		（NULL）		设备名称		
opDate	datetime	（NULL）	NO		（NULL）		最后一次操作时间		
remark	text	utf8_general_ci	YES		（NULL）		备注		
width	float	（NULL）	YES		（NULL）		宽		
height	float	（NULL）	YES		（NULL）		高		
索引									
表名	非唯一索引	关键字	序列指数	列名	对照序列	基数	子部件	内容	可为空否	索引类型	描述	Index comment
es_devices	0	PRIMARY	1	id	A	16	（NULL）	（NULL）		BTREE		
es_devices	0	uq_es_devices	1	devicesCode	A	16	（NULL）	（NULL）		BTREE		
es_devices	1	fk_es_devices	1	workshopId	A	16	（NULL）	（NULL）	YES	BTREE		
外键关系									
外键	参考表	源列	目标列	备注信息					
fk_es_devices	es_workshop	'workshopId'	'id'	在更新级联上删除级联					

（2）es_maintenance 表结构见表 3-3。

成果三 企业后台信息管理系统

表 3–3　es_maintenance 表结构

字段								
字段描述	字段类型长度	对照序列	可为空否	关键字	默认值	备注	描述	
id	int（11）	（NULL）	NO	PRI	（NULL）	auto_increment	主键	
date	datetime	（NULL）	NO		（NULL）		保养日期	
content	varchar（500）	utf8_general_ci	NO		（NULL）		保养内容	
opDate	datetime	（NULL）	NO		（NULL）		操作时间	
declarant	varchar（10）	utf8_general_ci	NO		（NULL）		本次保养负责人员	
department	varchar（100）	utf8_general_ci	NO		（NULL）		本次保养负责部门	
devicesId	int（11）	（NULL）	NO	MUL	（NULL）		设备 ID	
索引								
表名	非唯一索引	关键字	序列指数	列名	对照序列	基数	子部件	内容	可为空否	索引类型	描述	Index comment
es_maintenance	0	PRIMARY	1	id	A	8	（NULL）	（NULL）		BTREE		
es_maintenance	1	fk_es_maintenance	1	devicesId	A	8	（NULL）	（NULL）		BTREE		
外键关系								
外键	参考表		源列		目标列			备注信息
fk_es_maintenance	es_devices		`devicesId`		`id`			在更新级联上删除级联

（3）es_repair 表结构见表 3–4。

表 3–4　es_repair 表结构

字段								
字段描述	字段类型长度	对照序列	可为空否	关键字	默认值	备注	描述	
id	int（11）	（NULL）	NO	PRI	（NULL）	auto_increment	维修记录 ID	
date	datetime	（NULL）	NO		（NULL）		故障时间	
opDate	datetime	（NULL）	NO		（NULL）		最后一次操作时间	

续表

字段描述	字段类型长度	对照序列	可为空否	关键字	默认值	备注	描述
字段							
reason	varchar（500）	utf8_general_ci	NO		（NULL）		故障原因
solution	varchar（500）	utf8_general_ci	NO		（NULL）		解决办法
declarant	varchar（10）	utf8_general_ci	NO		（NULL）		故障申报人
tel	varchar（13）	utf8_general_ci	YES		（NULL）		联系电话
department	varchar（100）	utf8_general_ci	NO		（NULL）		申报部门
devicesId	int（11）	（NULL）	NO	MUL	（NULL）		设备id

索引

表名	非唯一索引	关键字	序列指数	列名	对照序列	基数	子部件	内容	可为空否	索引类型	描述	Index comment
es_repair	0	PRIMARY	1	id	A	11	（NULL）	（NULL）		BTREE		
es_repair	1	fk_es_repair	1	devicesId	A	11	（NULL）	（NULL）		BTREE		

外键关系

外键	参考表	源列	目标列	备注信息
fk_es_repair	es_devices	`devicesId`	`id`	在更新级联上删除级联

（4）es_repair_status 表结构见表 3-5。

表 3-5 es_repair_status 表结构

字段描述	字段类型长度	对照序列	可为空否	关键字	默认值	备注	描述
字段							
id	int（11）	（NULL）	NO	PRI	（NULL）	auto_increment	记录的主键
repairId	int（11）	（NULL）	NO	MUL	（NULL）		维修信息的主键
date	datetime	（NULL）	NO		（NULL）		填写的日期
content	varchar（500）	utf8_general_ci	NO		（NULL）		当前的解决情况描述
opDate	datetime	（NULL）	NO		（NULL）		创建时间

续表

字段								
字段描述	字段类型长度	对照序列	可为空否	关键字	默认值	备注	描述	

索引									
表名	非唯一索引	关键字	序列指数	列名	对照序列	基数	子部件	内容	可为空否	索引类型	描述	Index comment
es_repair_status	0	PRIMARY	1	id	A	22	(NULL)	(NULL) || BTREE		
es_repair_status	1	fk_es_repair_status	1	repairId	A	22	(NULL)	(NULL) || BTREE		

外键关系			
外键	参考表	源列	目标列	备注信息
fk_es_repair_status	es_repair	`repairId`	`id`	在更新级联上删除级联

（5）es_workshop 表结构见表 3-6。

表 3-6　es_workshop 表结构

字段						
字段描述	字段类型长度	对照序列	可为空否	关键字	默认值	备注	描述
id	int（11）	(NULL)	NO	PRI	(NULL)	auto_increment	车间ID
name	varchar（20）	utf8_general_ci	NO		(NULL)		车间名
picture	varchar（200）	utf8_general_ci	NO		(NULL)		平面图名

索引									
表名	非唯一索引	关键字	序列指数	列名	对照序列	基数	子部件	内容	可为空否	索引类型	描述	Index comment
es_workshop	0	PRIMARY	1	id	A	9	(NULL)	(NULL) || BTREE		

（6）sys_contact_group 表结构见表 3-7。

表 3–7 sys_contact_group 表结构

字段								
字段描述	字段类型长度	对照序列	可为空否	关键字	默认值	备注	描述	
GROUP_ID	int（10）	(NULL)	NO	PRI	(NULL)			
CONTACT_ID	int（10）	(NULL)	NO	PRI	(NULL)			

索引										
表名	非唯一索引	关键字	序列指数	列名	对照序列	基数	子部件	内容	可为空否	索引类型	描述	Index comment
sys_contact_group	0	PRIMARY	1	GROUP_ID	A	0	(NULL)	(NULL)		BTREE	
sys_contact_group	0	PRIMARY	2	CONTACT_ID	A	0	(NULL)	(NULL)		BTREE	

（7）sys_contacts 表结构见表 3–8。

表 3–8 sys_contacts 表结构

字段							
字段描述	字段类型长度	对照序列	可为空否	关键字	默认值	备注	描述
CONTACT_ID	int（10）	(NULL)	NO	PRI	(NULL)	auto_increment	联系人ID序列
NAME	varchar（100）	utf8_general_ci	NO		(NULL)		姓名
COMPANY	varchar（100）	utf8_general_ci	YES		(NULL)		单位
DEPT	varchar（100）	utf8_general_ci	YES		(NULL)		部门
CITY_CODE	varchar（32）	utf8_general_ci	YES		(NULL)		区域
JOB	varchar（100）	utf8_general_ci	YES		(NULL)		职务
TYPE	varchar（1）	utf8_general_ci	YES		(NULL)		类型：1—公共联系人；2—个人联系人
MOBILE	varchar（32）	utf8_general_ci	NO		(NULL)		手机号
PHONE	varchar（32）	utf8_general_ci	YES		0		电话
ADDRESS	varchar（256）	utf8_general_ci	YES		0		联系地址
EMAIL	varchar（64）	utf8_general_ci	YES		(NULL)		邮箱

续表

字段								
字段描述	字段类型长度	对照序列	可为空否	关键字	默认值	备注		描述
REMARK	varchar（256）	utf8_general_ci	YES		（NULL）			备注
OWNER_ID	varchar（20）	utf8_general_ci	YES		（NULL）			拥有者编码
OPDATE	datetime	（NULL）	YES		（NULL）			操作时间
索引								
表名	非唯一索引	关键字	序列指数	列名	对照序列	基数	子部件	内容	可为空否	索引类型	描述	Index comment
sys_contacts	0	PRIMARY	1	CONTACT_ID	A	0	（NULL）	（NULL）		BTREE		

（8）sys_dictg 表结构见表3-9。

表3-9 sys_dictg 表结构

字段								
字段描述	字段类型长度	对照序列	可为空否	关键字	默认值	备注		描述
DICT_ID	int（20）unsigned	（NULL）	NO	PRI	（NULL）	auto_increment		
PTYPE_CODE	varchar（20）	utf8_general_ci	NO		（NULL）			
PTYPE_NAME	varchar（128）	utf8_general_ci	YES		（NULL）			
DICT_CODE	varchar（20）	utf8_general_ci	NO		（NULL）			
DICT_NAME	varchar（128）	utf8_general_ci	YES		（NULL）			
STATUS	varchar（1）	utf8_general_ci	YES		1			类型：0—无效；1—有效
SORT	decimal（8,0）	（NULL）	YES		0			
索引								
表名	非唯一索引	关键字	序列指数	列名	对照序列	基数	子部件	内容	可为空否	索引类型	描述	Index comment
sys_dict	0	PRIMARY	1	DICT_ID	A	29	（NULL）	（NULL）		BTREE		

(9) sys_error 表结构见表 3–10。

表 3–10　sys_error 表结构

字段							
字段描述	字段类型长度	对照序列	可为空否	关键字	默认值	备注	描述
TITLE	varchar（400）	utf8_general_ci	YES		（NULL）		错误标题
CONTENT	varchar（4 000）	utf8_general_ci	YES		（NULL）		错误信息
OPDATE	datetime	（NULL）	YES		（NULL）		时间
REMARK	varchar（4 000）	utf8_general_ci	YES		（NULL）		描述

(10) sys_group 表结构见表 3–11。

表 3–11　sys_group 表结构

字段							
字段描述	字段类型长度	对照序列	可为空否	关键字	默认值	备注	描述
GROUP_ID	int（10）	（NULL）	NO	PRI	（NULL）	auto_increment	组 ID 序列
GROUP_NAME	varchar（100）	utf8_general_ci	NO		（NULL）		名称
TYPE	varchar（1）	utf8_general_ci	YES		（NULL）		类型：1—公共组；2—私人组
PGROUP_ID	varchar（20）	utf8_general_ci	YES		（NULL）		上级组编码根节点为–1
REMARK	varchar（256）	utf8_general_ci	YES		（NULL）		备注
OWNER_ID	varchar（20）	utf8_general_ci	YES		（NULL）		拥有者编码
ROOT_PATH	varchar（100）	utf8_general_ci	YES		（NULL）		分组树路径
SORT	int（10）	（NULL）	YES		999		排序

索引										
表名	非唯一索引	关键字	序列指数	列名	对照序列	基数	子部件	内容	可为空否	索引类型	描述	Index comment
sys_group	0	PRIMARY	1	GROUP_ID	A	2	（NULL）	（NULL）		BTREE		

（11）sys_menu 表结构见表 3-12。

表 3-12 sys_menu 表结构

字段							
字段描述	字段类型长度	对照序列	可为空否	关键字	默认值	备注	描述
MENU_ID	varchar（32）	utf8_general_ci	NO	PRI	（NULL）		菜单编号
MENU_LEVEL	decimal（2,0）	（NULL）	YES		（NULL）		菜单级别
MENU_NAME	varchar（64）	utf8_general_ci	YES		（NULL）		菜单名称
MENU_TYPE	varchar（10）	utf8_general_ci	YES		（NULL）		菜单分类
MENU_IMAGE	varchar（60）	utf8_general_ci	YES		（NULL）		菜单图片
PARENT_MENU	varchar（20）	utf8_general_ci	YES		（NULL）		父菜单
MENU_USE	char（1）	utf8_general_ci	YES		（NULL）		使用级别：D—三级；F—二级
MENU_TARGET	varchar（20）	utf8_general_ci	YES		（NULL）		
MENU_ORDER	decimal（10,0）	（NULL）	YES		（NULL）		排序
MENU_PATH	varchar（100）	utf8_general_ci	YES		（NULL）		路径
IS_DEFAULT	decimal（1,0）	（NULL）	YES		0		是否为默认菜单：0—不是；1—是
REMARK	varchar（100）	utf8_general_ci	YES		（NULL）		
ROOT_PATH	varchar（100）	utf8_general_ci	YES		（NULL）		
索引									
表名	非唯一索引	关键字	序列指数	列名	对照序列	基数	子部件	内容	可为空否	索引类型	描述	Index comment
sys_menu	0	PRIMARY	1	MENU_ID	A	17	（NULL）	（NULL）		BTREE		

（12）sys_notice 表结构见表 3-13。

表 3-13 sys_notice 表结构

字段							
字段描述	字段类型长度	对照序列	可为空否	关键字	默认值	备注	描述
NOTICE_ID	int（20）unsigned	（NULL）	NO	PRI	（NULL）	auto_increment	公告编号
ORG_ID	varchar（32）	utf8_general_ci	YES		（NULL）		机构编号

续表

字段							
字段描述	字段类型长度	对照序列	可为空否	关键字	默认值	备注	描述
NOTICE_NAME	varchar（100）	utf8_general_ci	YES		（NULL）		公告标题
NOTICE_MSG	varchar（1 000）	utf8_general_ci	YES		（NULL）		公告内容
RELEASE_TIME	datetime	（NULL）	YES		（NULL）		发布时间
NOTICE_TYPE	varchar（1）	utf8_general_ci	YES		（NULL）		公告类型：0—内部；1—公共
DELETE_FLAG	varchar（1）	utf8_general_ci	YES		0		屏蔽标识：0—未屏蔽；1—屏蔽
OPDATE	datetime	（NULL）	YES		（NULL）		
OPERATOR	varchar（100）	utf8_general_ci	YES		（NULL）		
OPERATOR_ID	varchar（32）	utf8_general_ci	YES		（NULL）		
READ_FLAG	varchar（1）	utf8_general_ci	YES		（NULL）		已读未读标识；0—未读；1—已读
FILEID	varchar（32）	utf8_general_ci	YES		（NULL）		文件ID
索引									
表名	非唯一索引	关键字	序列指数	列名	对照序列	基数	子部件	内容	可为空否	索引类型	描述	Index comment
sys_notice	0	PRIMARY	1	NOTICE_ID	A	2	（NULL）	（NULL）		BTREE		

（13）sys_operate_log 表结构见表3-14。

表3-14 sys_operate_log 表结构

字段							
字段描述	字段类型长度	对照序列	可为空否	关键字	默认值	备注	描述
OPERATE_ID	int（20）unsigned	（NULL）	NO	PRI	（NULL）	auto_increment	
ORG_ID	varchar（32）	utf8_general_ci	YES		（NULL）		机构编码
MENU_ID	varchar（32）	utf8_general_ci	YES		（NULL）		操作菜单

续表

字段						
字段描述	字段类型长度	对照序列	可为空否	关键字	默认值	备注	描述
MENU_NAME	varchar（100）	utf8_general_ci	YES		（NULL）		
OPERATE_TYPE	varchar（2）	utf8_general_ci	YES		（NULL）		0—登录；1—增；2—删；3—改；4—查；5—导入；6—导出
REMARK	varchar（1 000）	utf8_general_ci	YES		（NULL）		
IP	varchar（100）	utf8_general_ci	YES		（NULL）		
OPDATE	datetime	（NULL）	YES		（NULL）		
OPERATOR	varchar（100）	utf8_general_ci	YES		（NULL）		
OPERATORID	varchar（32）	utf8_general_ci	NO		（NULL）		

索引										
表名	非唯一索引	关键字	序列指数	列名	对照序列	基数	子部件	内容	可为空否	索引类型	描述	Index comment
sys_operate_log	0	PRIMARY	1	OPERATE_ID	A	27	（NULL）	（NULL）		BTREE		

（14）sys_org 表结构见表 3-15。

表 3-15　sys_org 表结构

字段						
字段描述	字段类型长度	对照序列	可为空否	关键字	默认值	备注	描述
ORG_ID	varchar（32）	utf8_general_ci	NO	PRI	（NULL）		企业编号
ORG_NAME	varchar（64）	utf8_general_ci	NO		（NULL）		企业名称
ORG_ADDR	varchar（100）	utf8_general_ci	YES		（NULL）		企业地址
MANAGER	varchar（32）	utf8_general_ci	YES		（NULL）		企业管理者
PHONE	varchar（20）	utf8_general_ci	YES		（NULL）		联系电话

续表

字段							
字段描述	字段类型长度	对照序列	可为空否	关键字	默认值	备注	描述
ORG_TYPE	varchar（6）	utf8_general_ci	YES		（NULL）		0—系统企业 1、2、3、…
STATUS	varchar（1）	utf8_general_ci	YES		（NULL）		状态0正常
REMARK	varchar（1 000）	utf8_general_ci	YES		（NULL）		备注
CITY_CODE	varchar（20）	utf8_general_ci	YES		（NULL）		所属城市代码
OFF_TIME	varchar（10）	utf8_general_ci	YES		（NULL）		下班时间
ON_TIME	varchar（10）	utf8_general_ci	YES		（NULL）		上班时间
OPDATE	datetime	（NULL）	YES		（NULL）		操作时间
ADMIN_ACCOUNT	varchar（32）	utf8_general_ci	YES		（NULL）		机构超级管理员账号
ADMIN_PASSWORD	varchar（32）	utf8_general_ci	YES		（NULL）		机构超级管理员密码
REG_NO	varchar（32）	utf8_general_ci	YES		（NULL）		工商登记号
REG_DATE	datetime	（NULL）	YES		（NULL）		登记日期
FAX	varchar（32）	utf8_general_ci	YES		（NULL）		传真
GPS_POS	varchar（256）	utf8_general_ci	YES		（NULL）		GPS坐标
MANAGE_TYPE	varchar（1）	utf8_general_ci	YES		（NULL）		屠宰场经营类型：0—代宰；1—自营
索引							
表名	非唯一索引	关键字	序列指数	列名	对照序列	基数	子部件	内容	可为空否	索引类型	描述	Index comment
sys_org	0	PRIMARY	1	ORG_ID	A	0	（NULL）	（NULL）		BTREE		

（15）sys_org_menu 表结构见表 3–16。

表 3-16　sys_org_menu 表结构

字段						
字段描述	字段类型长度	对照序列	可为空否	关键字	默认值	备注	描述
ORG_ID	varchar（32）	utf8_general_ci	NO	PRI	(NULL)		企业编号
MENU_ID	varchar（32）	utf8_general_ci	NO	PRI	(NULL)		菜单编号

索引									
表名	非唯一索引	关键字	序列指数	列名	对照序列	基数	子部件	内容	可为空否	索引类型	描述	Index comment
sys_org_menu	0	PRIMARY	1	ORG_ID	A	2	(NULL)	(NULL)		BTREE		
sys_org_menu	0	PRIMARY	2	MENU_ID	A	17	(NULL)	(NULL)		BTREE		

（16）sys_regions 表结构见表 3-17。

表 3-17　sys_regions 表结构

字段						
字段描述	字段类型长度	对照序列	可为空否	关键字	默认值	备注	描述
region_id	int（10）	(NULL)	NO	PRI	(NULL)	auto_increment	
p_region_id	int（10）	(NULL)	YES		(NULL)		
region_path	varchar（255）	utf8_general_ci	YES		(NULL)		
region_grade	int（8）	(NULL)	YES		(NULL)		
local_name	varchar（100）	utf8_general_ci	NO		(NULL)		
zipcode	varchar（20）	utf8_general_ci	YES		(NULL)		
cod	varchar（4）	utf8_general_ci	YES		(NULL)		

索引									
表名	非唯一索引	关键字	序列指数	列名	对照序列	基数	子部件	内容	可为空否	索引类型	描述	Index comment
sys_regions	0	PRIMARY	1	region_id	A	3 524	(NULL)	(NULL)		BTREE		

（17）sys_role 表结构见表 3-18。

表 3–18 sys_role 表结构

字段								
字段描述	字段类型长度	对照序列	可为空否	关键字	默认值	备注	描述	
ROLE_ID	varchar（32）	utf8_general_ci	NO	PRI	（NULL）		角色编号	
ROLE_NAME	varchar（100）	utf8_general_ci	NO		（NULL）		角色名称	
ORG_ID	varchar（32）	utf8_general_ci	YES		（NULL）		企业编号	
ROLE_TYPE	varchar（32）	utf8_general_ci	YES		（NULL）		0—系统角色；1—业务角色	
OPDATE	datetime	（NULL）	YES		（NULL）		操作时间	
OPERATOR	varchar（32）	utf8_general_ci	YES		（NULL）		操作员	
索引								
表名	非唯一索引	关键字	序列指数	列名	对照序列	基数	子部件	内容	可为空否	索引类型	描述	Index comment
sys_role	0	PRIMARY	1	ROLE_ID	A	3	（NULL）	（NULL）		BTREE		

（18）sys_role_menu 表结构见表 3–19。

表 3–19 sys_role_menu 表结构

字段							
字段描述	字段类型长度	对照序列	可为空否	关键字	默认值	备注	描述
ROLE_ID	varchar（32）	utf8_general_ci	NO	PRI	（NULL）		角色编号
MENU_ID	varchar（32）	utf8_general_ci	NO	PRI	（NULL）		菜单编号
ADD_ROLE	varchar（1）	utf8_general_ci	YES		1		1—true；0—false
DELETE_ROLE	varchar（1）	utf8_general_ci	YES		1		1—true；0—false
UPDATE_ROLE	varchar（1）	utf8_general_ci	YES		1		1—true；0—false
EXPORT_ROLE	varchar（1）	utf8_general_ci	YES		1		1—true；0—false
IMPORT_ROLE	varchar（1）	utf8_general_ci	YES		1		1—true；0—false
SELECT_ROLE	varchar（1）	utf8_general_ci	YES		1		1—true；0—false
OPDATE	timestamp	（NULL）	NO		CURRENT_TIMESTAMP	on update CURRENT_TIMESTAMP	操作时间

续表

字段									
字段描述	字段类型长度	对照序列	可为空否	关键字	默认值	备注	描述		
OPERATOR	varchar（32）	utf8_general_ci	YES		（NULL）		操作员		

索引									
表名	非唯一索引	关键字	序列指数	列名	对照序列	基数	子部件	内容	可为空否	索引类型	描述	Index comment
sys_role_menu	0	PRIMARY	1	ROLE_ID	A	6	（NULL）	（NULL）		BTREE		
sys_role_menu	0	PRIMARY	2	MENU_ID	A	51	（NULL）	（NULL）		BTREE		

（19）sys_server_info 表结构见表 3–20。

表 3–20 sys_server_info 表结构

字段							
字段描述	字段类型长度	对照序列	可为空否	关键字	默认值	备注	描述
SERVER_ID	int（11）	（NULL）	NO	MUL	（NULL）	auto_increment	流水号
SERVER_NAME	varchar（100）	utf8_general_ci	NO		（NULL）		主机名
NODE_ID	varchar（32）	utf8_general_ci	NO		（NULL）		节点编码
SERVER_IP	varchar（100）	utf8_general_ci	YES		（NULL）		服务器 IP
SERVER_SYSTEM	varchar（32）	utf8_general_ci	YES		（NULL）		操作系统
SERVER_CPU	varchar（64）	utf8_general_ci	YES		（NULL）		CPU 信息
SERVER_DISK	varchar（32）	utf8_general_ci	YES		（NULL）		硬盘容量
SERVER_MEMORY	varchar（32）	utf8_general_ci	YES		（NULL）		内存大小
CREATE_DATE	datetime	（NULL）	YES		（NULL）		创建时间
OPDATE	datetime	（NULL）	YES		（NULL）		最后更新时间

索引											
表名	非唯一索引	关键字	序列指数	列名	对照序列	基数	子部件	内容	可为空否	索引类型	描述	Index comment
sys_server_info	1	SERVER_ID	1	SERVER_ID	A	2	（NULL）	（NULL）		BTREE		

（20）sys_server_monitor 表结构见表 3-21。

表 3-21 sys_server_monitor 表结构

字段								
字段描述	字段类型长度	对照序列	可为空否	关键字	默认值	备注	描述	
MSG_ID	int（11）	（NULL）	NO	MUL	（NULL）	auto_increment	流水号	
SERVER_ID	int（11）	（NULL）	YES		（NULL）		服务器 ID	
SERVER_NAME	varchar（100）	utf8_general_ci	NO		（NULL）		主机名	
NODE_ID	varchar（32）	utf8_general_ci	YES		（NULL）		节点编码	
SERVER_IP	varchar（100）	utf8_general_ci	YES		（NULL）		服务器 IP	
CPUVALUE	longtext	utf8_general_ci	YES		（NULL）		CPU 信息	
DISCVALUE	longtext	utf8_general_ci	YES		（NULL）		磁盘信息	
MEMVALUE	longtext	utf8_general_ci	YES		（NULL）		内存信息	
PROCVALUE	longtext	utf8_general_ci	YES		（NULL）		进程信息	
OPDATE	datetime	（NULL）	YES		（NULL）		采集时间	
索引								
表名	非唯一索引	关键字	序列指数	列名	对照序列	基数	子部件	内容	可为空否	索引类型	描述	Index comment
sys_server_monitor	1	MSG_ID	1	MSG_ID	A	2	（NULL）	（NULL）		BTREE		

（21）sys_server_monitor_proc 表结构见表 3-22。

表 3-22 sys_server_monitor_proc 表结构

字段						
字段描述	字段类型长度	对照序列	可为空否	关键字	默认值	备注	描述
SERVER_ID	int（11）	（NULL）	NO		（NULL）		服务器 ID
PROC_NAME	varchar（200）	utf8_general_ci	NO		（NULL）		监控进程名
索引						

（22）sys_support 表结构见表 3-23。

表 3-23 sys_support 表结构

字段									
字段描述	字段类型长度	对照序列	可为空否	关键字	默认值	备注	描述		
AUTO_ID	int（20）unsigned	(NULL)	NO	PRI	(NULL)	auto_increment	自动编号		
MERCHANT_ID	varchar（32）	utf8_general_ci	YES		(NULL)		商家 ID		
S_USER_ID	varchar（32）	utf8_general_ci	YES		(NULL)		提交人 ID		
CLIENT_TYPE	varchar（1）	utf8_general_ci	NO		1		1—商家；2—会员		
QUESTION_LEVEL	varchar（1）	utf8_general_ci	YES		(NULL)		选项：1—紧急重要；2—紧急；3—重要；4—一般		
QUESTION	longtext	utf8_general_ci	YES		(NULL)		问题内容		
ANSWER	longtext	utf8_general_ci	YES		(NULL)		回复内容		
DISPLAY_FLAG	varchar（1）	utf8_general_ci	YES		0		1—不显示；0—显示		
STATUS	varchar（1）	utf8_general_ci	YES		(NULL)		0—未回复；1—已回复		
CREATE_DATE	datetime	(NULL)	NO		(NULL)				
OPDATE	datetime	(NULL)	YES		(NULL)		操作时间		
P_USER_ID	varchar（32）	utf8_general_ci	YES		(NULL)		处理人 ID		
P_AUTO_ID	varchar（32）	utf8_general_ci	YES		(NULL)		上级问题编号		
IP	varchar（100）	utf8_general_ci	YES		(NULL)		提交人 IP		
索引									
表名	非唯一索引	关键字	序列指数	列名	对照序列	基数	子部件	内容	可为空否	索引类型	描述	Index comment
sys_support	0	PRIMARY	1	AUTO_ID	A	0	(NULL)	(NULL)		BTREE		

（23）sys_user 表结构见表 3-24。

表 3-24 sys_user 表结构

字段描述	字段类型长度	对照序列	可为空否	关键字	默认值	备注	描述
USER_ID	int (32) unsigned	(NULL)	NO	PRI	(NULL)	auto_increment	用户ID
USER_NAME	varchar (50)	utf8_general_ci	NO		(NULL)		用户姓名
ACCOUNT	varchar (32)	utf8_general_ci	NO	UNI	(NULL)		登录账号
PASSWORD	varchar (32)	utf8_general_ci	YES		(NULL)		密码
ORG_ID	varchar (32)	utf8_general_ci	YES		(NULL)		机构ID
DEPT_ID	varchar (32)	utf8_general_ci	YES		(NULL)		部门ID
CITY_CODE	varchar (20)	utf8_general_ci	YES		(NULL)		所属城市代码
MOBILE	varchar (20)	utf8_general_ci	YES		(NULL)		手机号
TEL	varchar (20)	utf8_general_ci	YES		(NULL)		
POST	varchar (20)	utf8_general_ci	YES		(NULL)		
EMAIL	varchar (50)	utf8_general_ci	YES		(NULL)		
SEX	varchar (1)	utf8_general_ci	YES		(NULL)		
CARD_NUM	varchar (18)	utf8_general_ci	YES		(NULL)		卡号
USER_TYPE	varchar (1)	utf8_general_ci	YES		1	0—管理员;1—普通成员	
STATUS	varchar (1)	utf8_general_ci	YES		1	1—正常;0—暂停	
OPERATOR	varchar (32)	utf8_general_ci	YES		(NULL)		
OPDATE	datetime	(NULL)	YES		(NULL)		

索引

表名	非唯一索引	关键字	序列指数	列名	对照序列	基数	子部件	内容	可为空否	索引类型	描述	Index comment
sys_user	0	PRIMARY	1	USER_ID	A	2	(NULL)	(NULL)		BTREE		
sys_user	0	IDX_SYS_USER_ACCOUNT	1	ACCOUNT	A	2	(NULL)	(NULL)		BTREE		

（24）sys_user_role 结构表见表 3-25。

表 3-25 sys_user_role 结构表

字段								
字段描述	字段类型长度	对照序列	可为空否	关键字	默认值	备注	描述	
USER_ID	varchar（32）	utf8_general_ci	NO	PRI	(NULL)		用户编号	
ROLE_ID	varchar（32）	utf8_general_ci	NO	PRI	(NULL)		角色编号	
OPDATE	datetime	(NULL)	YES		(NULL)		操作时间	
OPERATOR	varchar（32）	utf8_general_ci	YES		(NULL)		操作员	
索引								
表名	非唯一索引	关键字	序列指数	列名	对照序列	基数	子部件	内容	可为空否	索引类型	描述	Index comment
sys_user_role	0	PRIMARY	1	USER_ID	A	2	(NULL)	(NULL)		BTREE		
sys_user_role	0	PRIMARY	2	ROLE_ID	A	2	(NULL)	(NULL)		BTREE		

三、详细设计与实现

详细设计的根本目标是确定应该怎样具体地实现所要求的系统。详细设计的任务不是具体的编写程序，而是要设计出程序的"蓝图"。根据需求分析和总体设计，对高校实践课题管理系统进行业务流程、功能、界面设计以及在开发此系统的关键技术及问题解决的概述。

1. 登录窗体功能及界面设计

实现"用户名""密码""验证码"的验证，保证系统的安全登录，如图 3-14 所示。

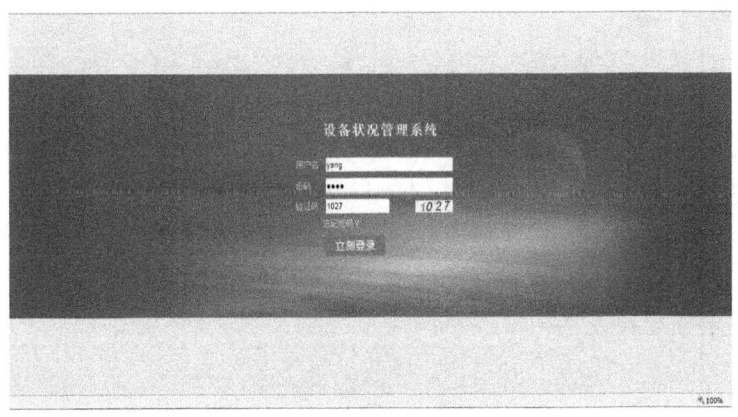

表 3-14 验证界面

95

2. 系统菜单功能介绍

(1) 菜单管理。用户可以自行添加、删除查询菜单的操作,界面如图 3-15 所示。

图 3-15 "菜单管理" 界面

(2) 角色管理。输入"管理员",选择相应的权限,如图 3-16 所示,管理员的权限是菜单全部可见,添加、修改、导入、导出功能不可以使用,删除功能只能删除角色管理、用户管理、机构管理、个人资料、操作日志查询。

注:"角色号"不需要添加,保存后自动生成。带*标志的为必填项。

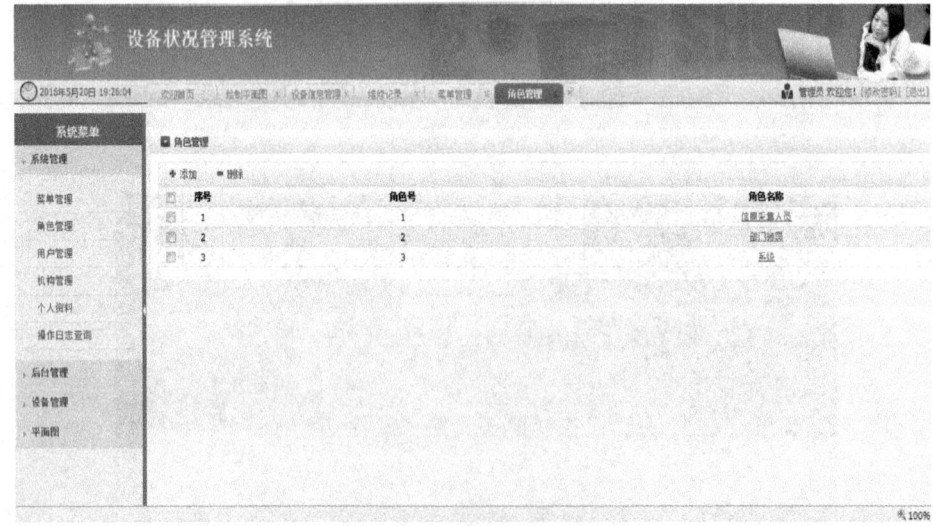

图 3-16 "角色管理" 界面

（3）用户管理。可以实现用户的增、删、改、查工作，可以修改信息采集人员的权限，界面如图3-17所示。

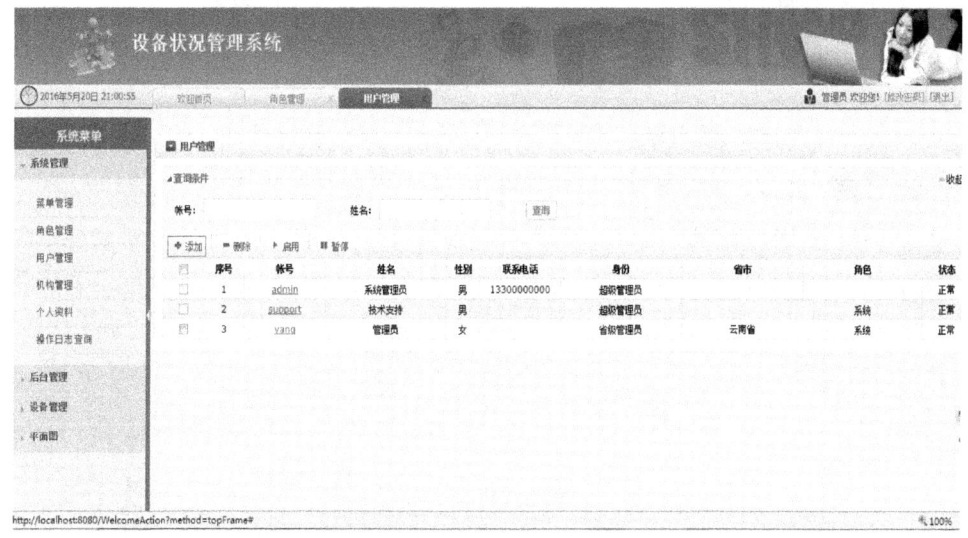

图3-17 "用户管理"界面

（4）机构管理。可以实现对权限的设置。分配菜单的过程就是赋予机构权限的过程。查询、删除功能设计方法同用户管理的查询功能，界面如图3-18所示。

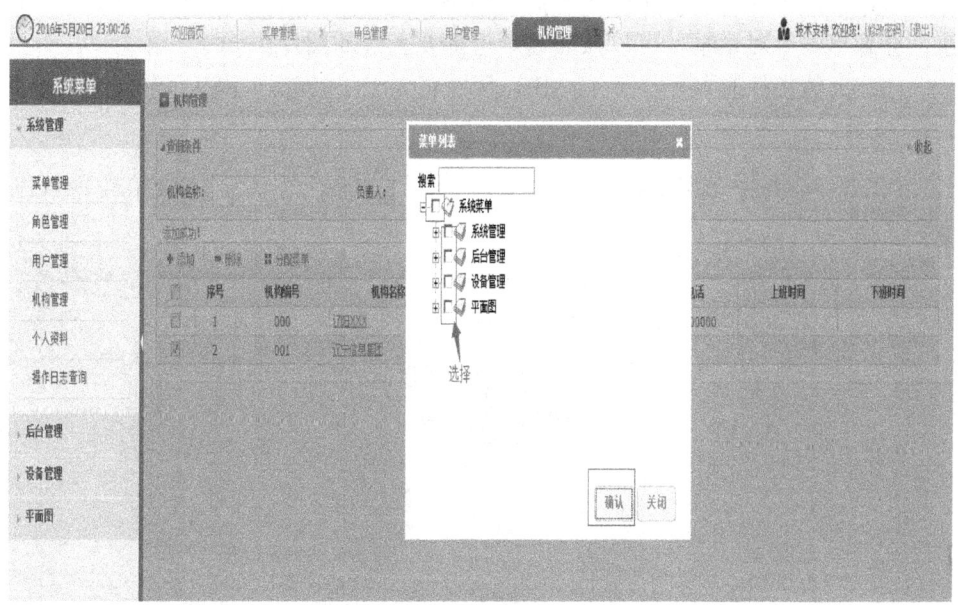

图3-18 "机构管理"界面

（5）个人资料管理同用户管理的添加功能设计方法。

（6）操作日志查询。

3. 后台管理功能介绍

（1）车间管理。其包括添加、删除、修改、查询车间信息，界面如图 3–19 所示。

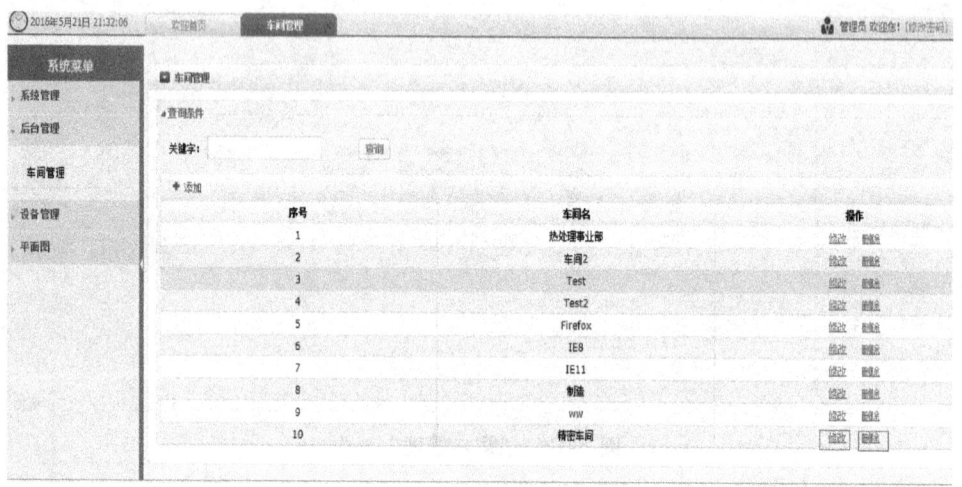

图 3–19　"车间管理"界面

可以修改车间名字和车间平面图，如果修改车间平面图，就单击"浏览"按钮，会弹出一个对话框，可以按照提示选择要上传的图片。

注：上传文件的大小小于 10 MB，尺寸宽大于 1 000px，高大于 750px，如图 3–20 所示。

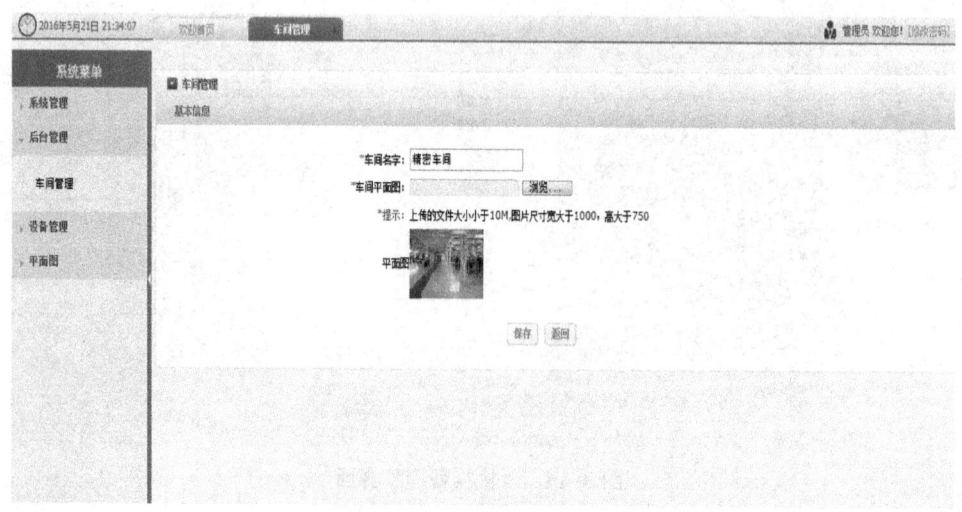

图 3–20　上传文件界面

4. 设备管理功能介绍

（1）设备信息管理。其包括设备信息的添加、修改、查询、删除（注：序号自动产生）。界面如图 3-21 所示。

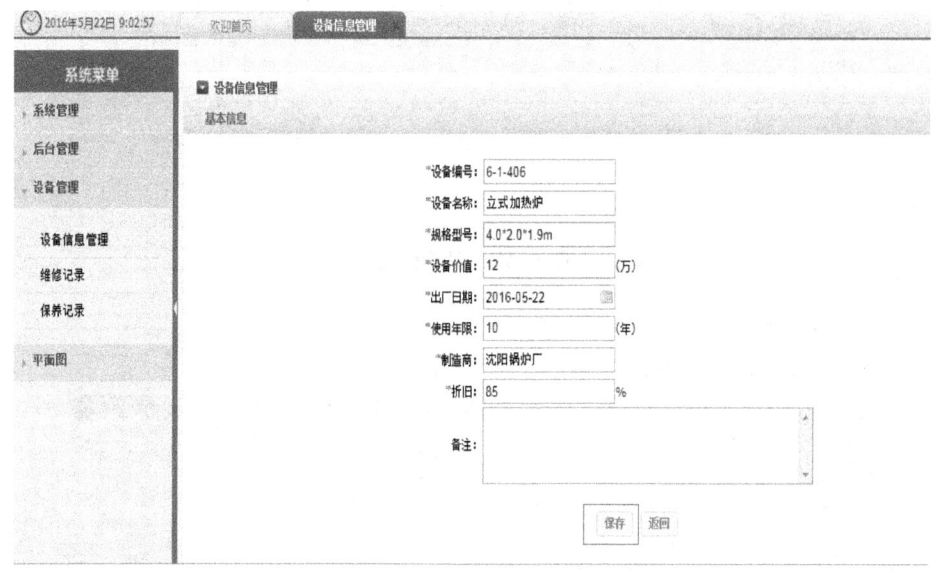

图 3-21 "设备信息管理"界面

（2）维修记录。其包括添加、编辑、修改、删除维修记录的功能，界面如图 3-22 所示。

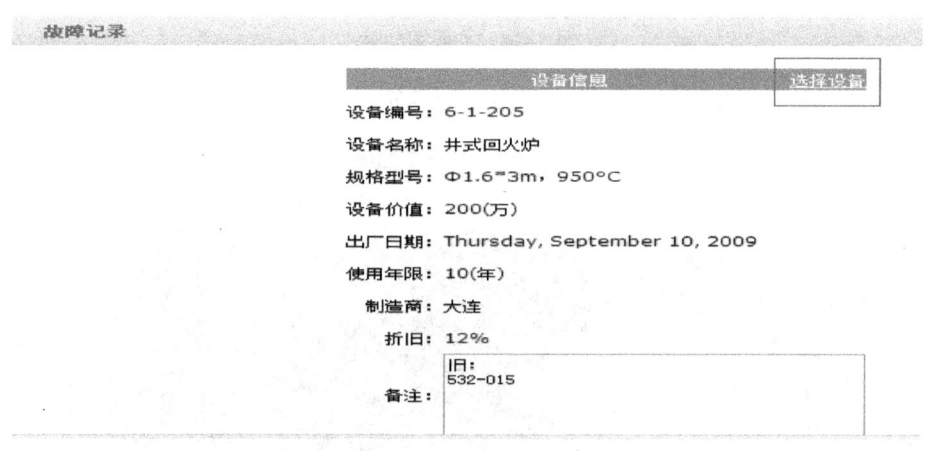

图 3-22 维修记录

（3）保养记录。具有添加、删除、查询（选择按关键字，如设备标号、设备名称、规格型号、制造商、故障申请人、故障申报部门、按车间名、按日期）功能，界面如图 3-23 所示。

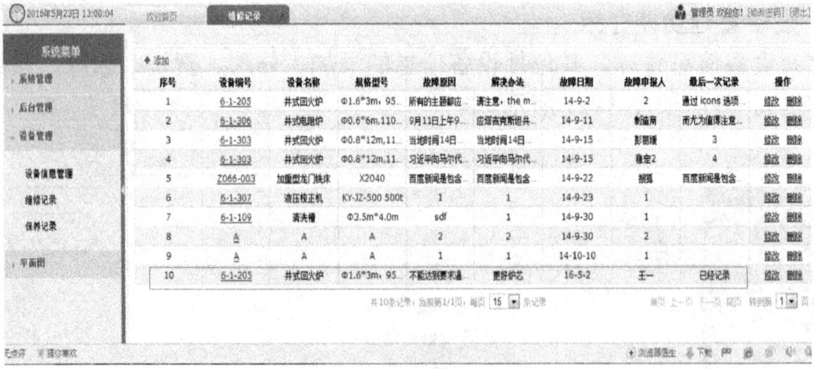

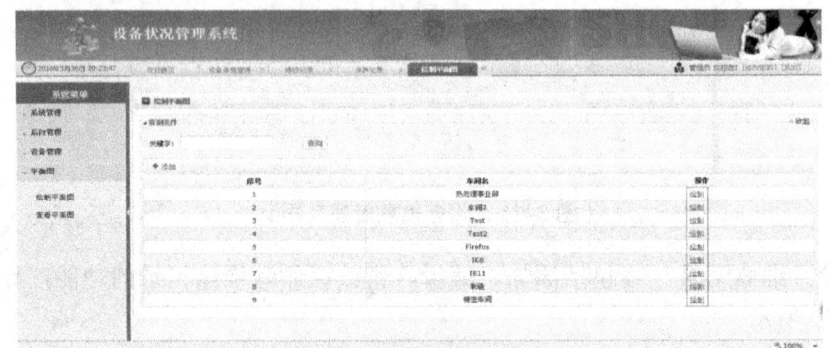

图 3-23 保养记录

5. 平面图功能介绍

(1) 绘制平面图,界面如图 3-24 所示。

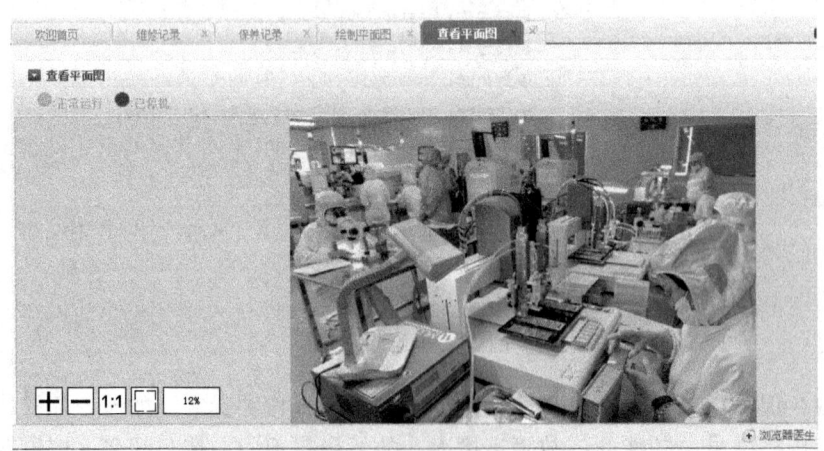

图 3-24 平面图功能

(2) 单击"查看"按钮,界面如图 3-25 所示。

图 3-25 查看平面图

四、系统测试与运行

从软件工程的角度来讲,一个系统的开发,除需求分析要花费大量的时间外,系统测试也是需要大量时间的。在需求分析完成之后,通常程序设计很快就能写出来,但难免会出现这样或那样的问题,这就需要进行系统测试。一个系统的功能越完善,它产生的问题往往越隐蔽,这就更加需要系统测试了。

本设计研究目的是设计并实现一个中小型企业后台信息管理系统。本项目对该系统进行了功能和性能的测试,以验证系统能否实现设计要求的功能和性能指标。

1. 测试用例

每位开发者都希望开发的系统能完美达成其需求分析时的功能,但切合实际的测试告知没有完美的系统,这就需要开发者尽量使系统的功能完善并向需求的功能靠近。以下是预期完成的理想现象。

(1)测试时间、地点、人员。

本次测试的时间、地点和人员总结如下。

① 测试时间:2016-5-19~2016-6-1,基本按照计划进行。

② 地点:207 机房。

③ 人员:杨晶洁等。

(2)测试环境。

测试机器的配置环境如下。

① 操作系统:Microsoft windows 7。

② 浏览器:Microsoft IE 6.0.2800.1106。

③ CPU:P4 2.8 GHz。

④ 内存:512 MB。

(3)测试内容。

为配合完成功能性测试,编写测试用例如表 3-26 所示。因篇幅有限,表 3-26 中只列出主要的测试用例的标题和期望结果。这些测试用例不仅测试管理员模块系统设计的主要功能,还包括系统安全测试(如非法访问、权限控制)。

由于每个模块之间的功能相似,所以这里把总的测试信息概括为几个主要功能描述。

表 3-26 测试用例

序号	测试用例标题	期望结果
1	用户登录	成功,验证权限后可以进行添加操作,根据登录信息判断权限。添加信息不得为空,并且符合验证要求;否则无法添加。添加成功后系统会给出相应提示信息

续表

序号	测试用例标题	期望结果
2	权限设置	成功,系统管理员可以给予一般用户分配系统访问权限,选择后再次登录,被设置用户具备给定权限
3	查看信息	成功,管理员和一般用户都可进行相关权限内的相关信息查看,管理员可以查看所有,并对相关信息能够导出 Word 文档模式存储
4	修改信息	成功,验证权限,管理员对具有相关权限的用户信息进行修改。可以直接在调出信息后给予修改,单击保存,修改成功系统给出提示
5	删除信息	成功,验证用户权限,管理员和具有相关权限的用户拥有此权限,其他用户无。删除成功后系统给予提示
6	日程记事	成功,验证权限,可以对日程进行记录以备以后提醒。启动程序,系统自动根据数据库中的备忘给予提示
7	退出系统	成功,用户退出系统,单击菜单栏中心退出系统按钮,可以安全退出系统

(4)性能测试。

图 3-26 所示为 20 个模拟用户的运行结果。从图中可以看到有 20 个虚拟用户在同时访问系统的客户端。

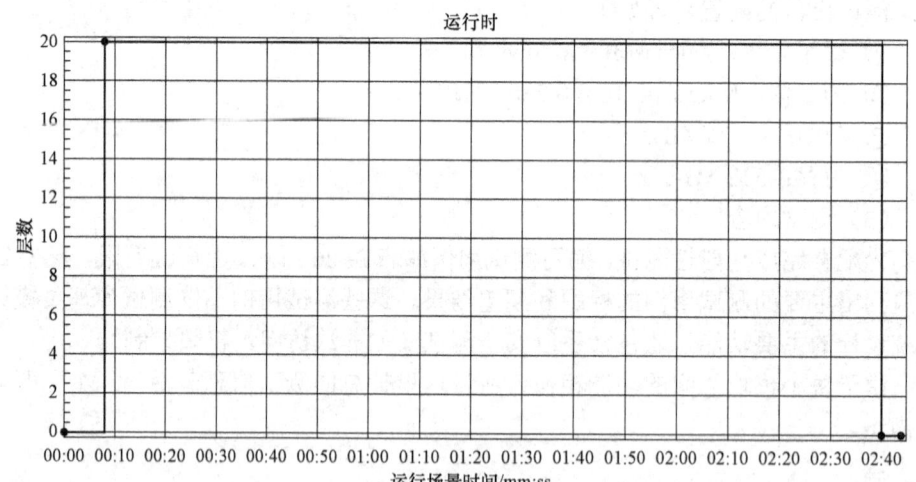

图 3-26 20 个模拟用户

图 3-27 所示为 20 个用户并发访问客户端时每分钟的单击数。从图 3-27 中可以看出,由于设定了集合点,单击数大的集中在每次填写完表单提交数据时。

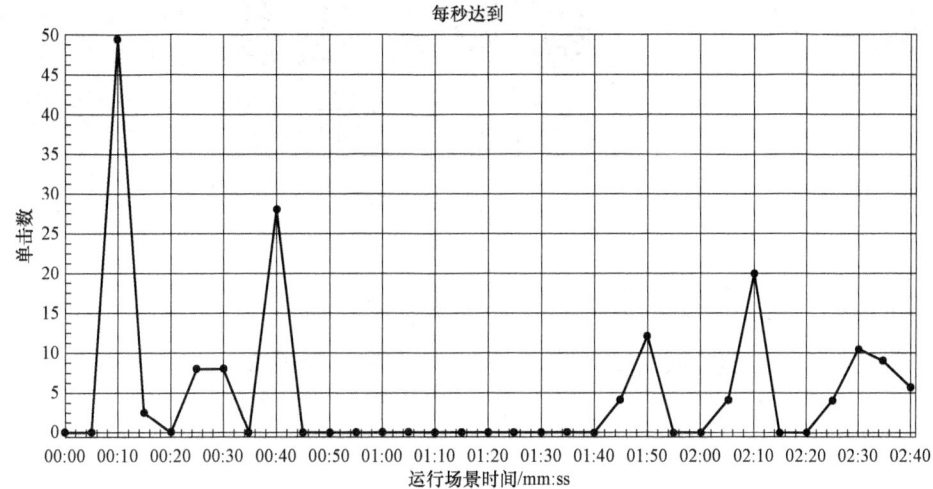

图 3-27 每分钟的单击数

图 3-28 所示为 20 个用户访问时的吞吐率，从图中可以看出，同样由于在每次提交数据时设定了集合点，吞吐率大都集中在每次填写完表单、提交数据的时候。前 4 个页面由于需要下载图片，因此吞吐率相对较大。

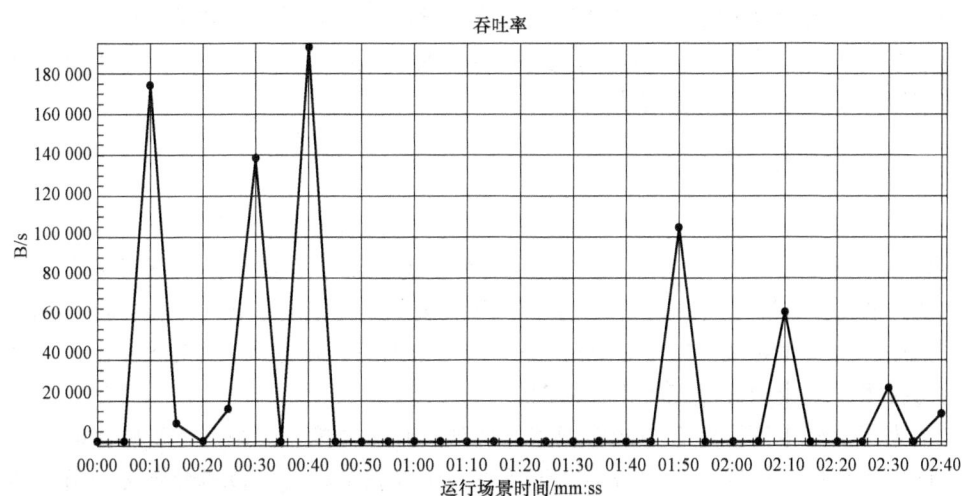

图 3-28 访问吞吐率

2. 测试结果

对照表 3-26 所列的测试用例，给出相对应的测试结果，可以看出，通过测试，本系统能够很好地完成相应功能，实现了数据的合理管理。

成果四 综合布线技术在线考试系统

完成单位：沈阳职业技术学院

完成人：张晓鹏、刘 辉、刘丽红、张 泉、关 智、尹 刚

一、需求描述

随着网络教育的蓬勃发展，尤其是 Web 技术的广泛应用，教学资源共享的迫切需要，创建网上教学系统显得越来越重要。开发适用于网络教育的高质量课程成为我国发展网络教育的一个非常重要而迫切的课题。"综合布线技术在线考试系统"采用 Web 技术和 B/S 结构相结合方式，设计与实现视频教学及在线考试系统管理系统，既发挥了 Web 技术的优势，让信息管理维护更加方便，又发挥了 B/S 结构有利于大数据量传输的优点。

二、性能分析

作为网上课程教学的载体，系统的业务需求须从教学设计方面进行分析。注重教学目标及教学内容分析，强调利用各种信息资源来支持"学"，强调以学生为中心，注重自主学习设计，强调"协作学习"。因此，系统选用 Windows 2008 Server 作为服务器操作系统，SQL Server 2008 作为数据库开发工具，ASP.Net 作为网页后台技术，集成的开发工具为 VS2010。

为了更好地建设综合布线实训室，使其具有实践推广作用，体现网络教学与硬件资源环境、校内实训设备与实训环境、实践教学、应用技术开发等环节，本课题开发了"综合布线技术在线考试系统"网站。

网站主界面具有"教学视频""个人事务""账户管理""成绩查询""过程管理""试卷管理""题库管理""成绩管理""系统设置"九大功能，用户可根据需要在自己权限范围内选择相应的功能。在线考试系统网站为学生精心设计了学习资源，专门开辟资源库模块，大量辅导视频材料的提供有助于学生开阔视野、开发想象力，有利于提高学生的设计水平。系统采用 Web 技术和 B/S 结构相结合的方式实现在线考试系统管理系统，既发挥了 Web 技术的优势，也让信息管理维护

更加方便,不仅满足学生的求知欲望,而且培养出社会急需的高级技能型人才。

系统试卷分为考试试卷和作业试卷,试卷出题方式可采用题序试卷,显示方式分为整卷模式和逐题模式。系统也可对试题的题目、知识点、题型、难度、分数、试题内容和试题解析等属性进行设置,题型有单选类、多选类、判断类、填空类、问答类、操作题类6大基本题型,单选类、多选类支持6个选项,完全能够满足当前试题要求。

三、系统设计

1. 系统账户管理设计

综合布线技术在线考试系统账户分为系统管理员、管理员和普通账户三类。第一种是系统管理员及超级管理员,拥有系统的最高权限,包括对账户管理、题库管理、试卷管理、成绩管理和系统设置(部门设置、职务设置、科目设置、题型设置及权限设置)。第二种是管理账户,只能对自己创建的账户、题库、试卷进行增、删、改、查。最后一种是公共功能区,即所有账户权限都可以使用,包括个人事务、成绩查询和关于系统3个模块。

2. 数据库的逻辑结构设计

数据库的逻辑结构由新建账户、考试试卷、电子书籍、试题、部门、单选题几部分组成。

3. 在线考试管理系统

它由登录模块、主界面模块组成。

主界面具有"教学视频""个人事务""账户管理""成绩查询""过程管理""试卷管理""题库管理""成绩管理""系统设置"九大功能,用户可根据需要在自己权限范围内选择相应的功能。

四、模块说明

1. 数据库的设计

数据库设计是信息系统开发和创建过程中的核心技术,是根据需求,在某一具体的数据库管理系统上设计数据库的结构和建立数据库的过程。

主要的数据库表有以下几个。

(1)新建账户(账号、姓名、登录密码、确认密码、性别、出生年月、上传照片、所属部门、职务、电话、证件类型、证件号码、登录IP、类型、状态、登录次数设置、开始时间、结束时间),主键为账号,无外键。

(2)考试试卷(序号、试卷名称、试卷类型、出题方式、显示模式、答题时间、开始时间、结束时间、试卷总分、通过分数、试题分数、允许多次参加考试、允许填空类试题自动卷、允许查看评卷结果、允许自动保存答卷、创建日期),主键为序号,无外键。

(3)电子书籍(序号、科目序号、章节序号、节名、章节内容、浏览次数、创建日期),主键为序号,无外键。

(4)题型(试题序号、题型名称、基本类型),主键为试题序号,无外键。

(5)部门(部门序号、部门名称),主键为部门序号,无外键。

(6)试题(题目序号、科目序号、知识点序号、试题序号、试题难度、试题分数、试题内容、文件名、下载文件、试题选项、标准答案、试题解析、创建者序号、创建日期),主键为题目序号,无外键。

(7)单选题(题目编号、科目名称、知识点、试题难度、选项数目、试题分数、试题内容、A项、B项、C项、D项、答案、试题解析、创建日期),主键为题目编号,外键为题型名称。

(8)多选题(题目编号、科目名称、知识点、试题难度、选项数目、试题分数、试题内容、A项、B项、C项、D项、E项、F项、答案、试题解析、创建日期),主键为题目编号,外键为题型名称。

(9)判断题(题目编号、科目名称、知识点、试题难度、试题分数、试题内容、正确项、错误项、答案、试题解析、创建日期),主键为题目编号,外键为题型名称。

(10)填空题(题目编号、科目名称、知识点、试题难度、试题分数、试题内容、标准答案、试题解析、创建日期),主键为题目编号,外键为题型名称。

(11)问答题(题目编号、科目名称、知识点、试题难度、试题分数、试题内容、标准答案、试题解析、创建日期),主键为题目编号,外键为题型名称。

(12)操作题(题目编号、科目名称、知识点、试题难度、试题分数、试题内容、下载文件、试题解析、创建日期),主键为题目编号,外键为题型名称。

2. 在线考试管理系统结构

主要的功能模块介绍如下。

(1)登录模块。用户输入账号和密码,单击"登录"按钮时,系统会通过用户输入的账号,从数据库中读取相应的账户信息,根据账户信息进行身份验证。

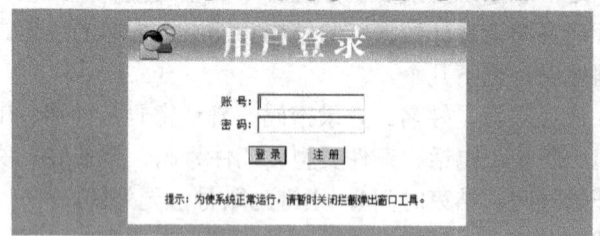

图4-1 登录模块界面

用户输入账号和密码,单击"登录"按钮时,系统会通过用户输入的账号从数据库中读取相应的账户信息，根据账户信息进行身份验证，会出现以下两种情况：① 数据库读取的账号和密码信息与用户填写的登录信息吻合，系统登录到主界面；② 数据库读取的账号和密码信息与用户填写的登录信息不吻合，弹出"对不起，账号或密码错误"窗口。当用户没有账号时，可以单击"注册"按钮时，会弹出一个新的窗口让新的用户进行注册。当用户注册新账号时，会出现以下两种情况：① 该账号已经存在于数据库中；② 该账号不存在，可以注册。通过"检验重复"防止账号信息重复。当账号注册成功后，账号立即生效跳转到登录界面。

流程图如图 4-2 所示。

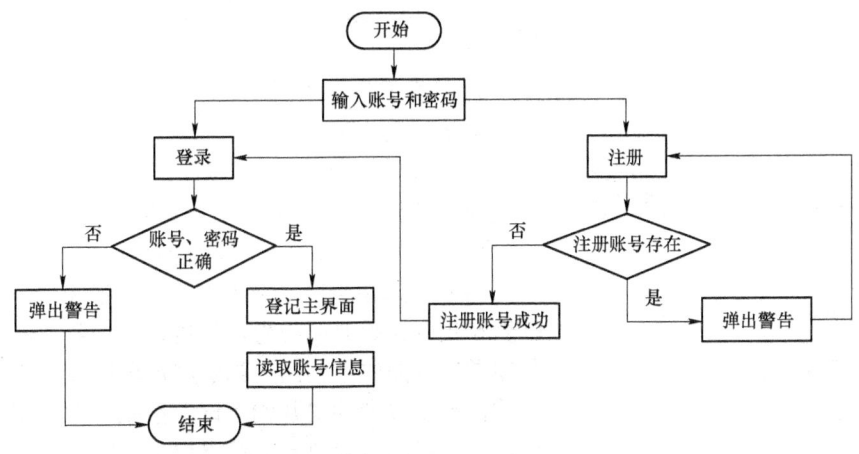

图 4-2 登录模块流程框图

程序代码：Login.aspx。

（2）主界面模块。用户进入主界面后，系统根据用户名从数据库中读取用户的相关信息，系统根据用户的管理权限显示用户当前可以使用的功能。管理员主界面具有"教学视频""个人事务""账户管理""题库管理""试卷管理""过程管理""成绩管理""系统设置""系统帮助"九大功能模块，可根据需要在自己权限范围内选择相应的功能。学生界面还有"成绩查询"模块，如图 4-3 所示。

图 4-3 主界面

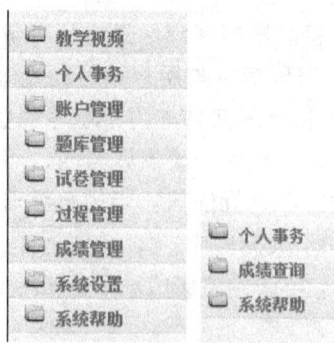

图 4-3 主界面（续）

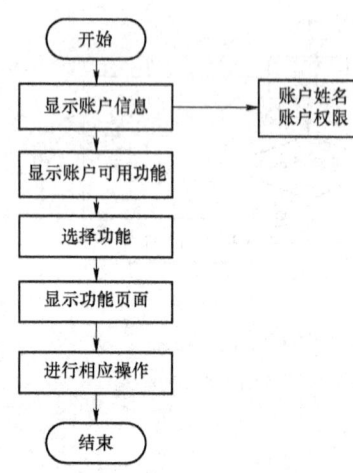

图 4-4 主界面模块流程框图

流程图如图 4-4 所示。

程序代码：MainFrame.aspx。

（3）教学视频模块。将弱电系统集成课程的相关视频通过视频软件进行播放学习。

程序代码：MainLeftMenu.aspx。

（4）个人事务模块（图 4-5）。登录账号，就可以查看相应权限对应的考试科目，参加其考试。在参加考试界面中，列出了当前用户可以参加的所有考试，单击试卷的"开始考试"按钮，考生在考试过程中还可以查看自己的答卷情况，防止有漏解答的题目，可以单击右上角的"检查答卷"按钮。试卷做完后，单击"保存答卷"按钮后，数据录入数据库，然后提交答卷。用户还可以查看账户信息来核对自己的信息，并修改自己的登录密码。

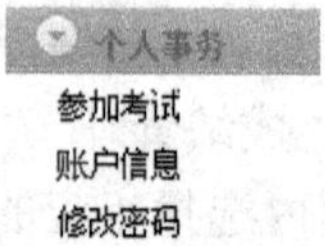

① 参加考试。

a. 功能：登录账号就可以查看相应权限对应的考试科目，参加其考试。

提示：如果试卷过期，试卷将不再显示在参加考试列表中；正在考试界面中的考生应注意随时单击右上角的"保存答卷"按钮保存答案，以免停电、死机等异常情况造成答案丢失，考生答完卷后单击右上角的"提交答卷"按钮交卷。

图 4-5 "个人事务"模块

b. 窗口设计如图 4-6 所示。

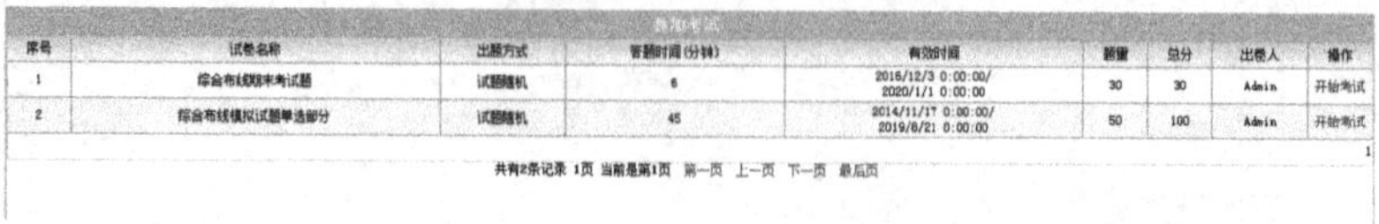

图 4-6 "参加考试"窗口

c. 流程图如图 4-7 所示。

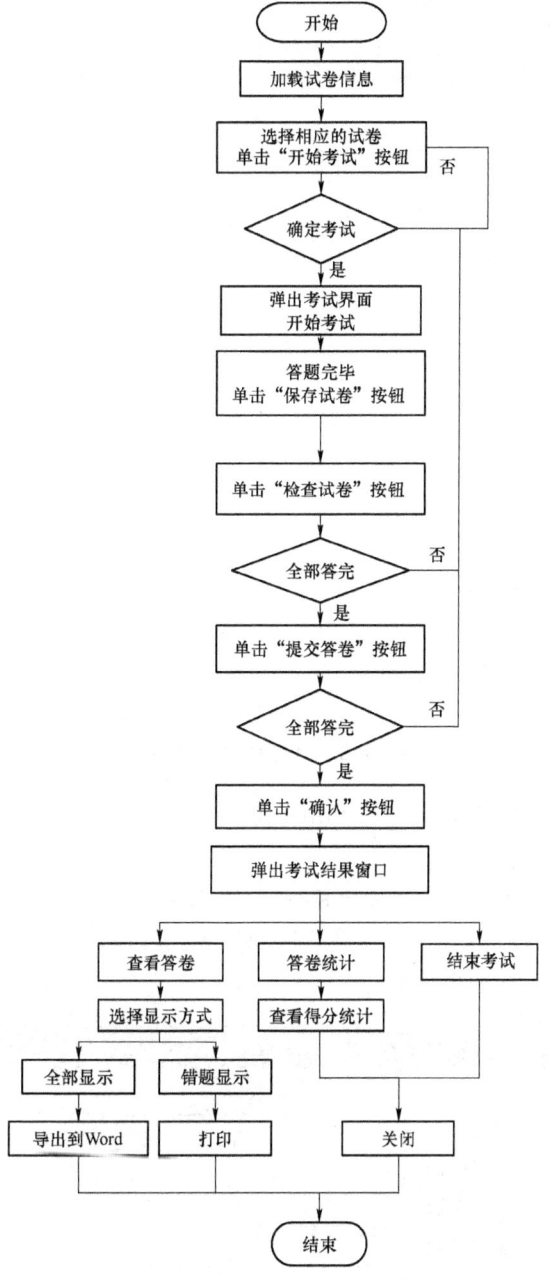

图 4-7 "参加考试"模块流程框图

d. 程序代码：PersonInfo/JoinExam.aspx。
② 账户信息。

a. 功能：用户可以查看账户信息来核对自己的信息。

b. 界面设计如图4-8所示。

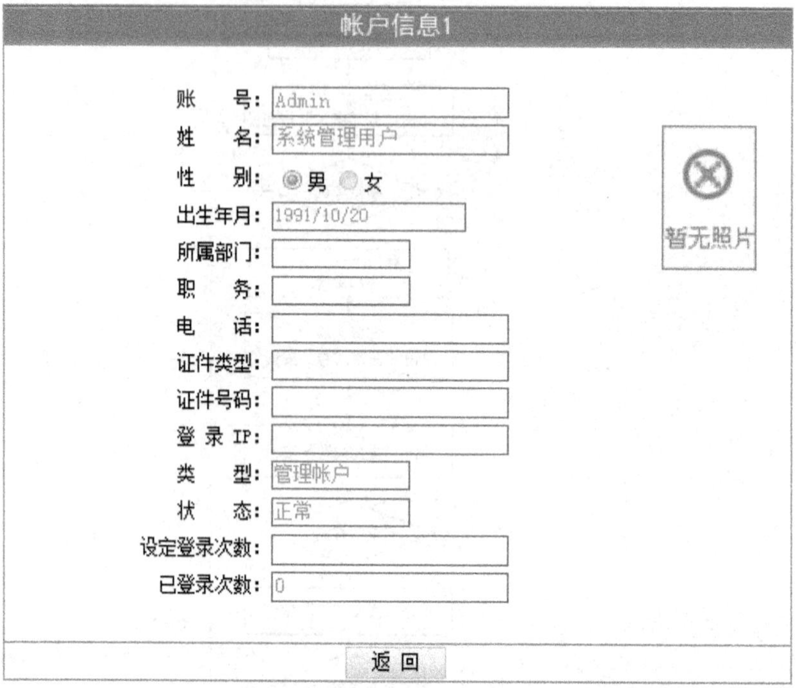

图4-8 "账户信息"界面

c. 程序代码：PersonInfo/UserInfo.aspx。

③ 修改密码。

a. 功能：修改用户的当前账户和密码。"旧密码"是当前使用的密码，"新密码"是用户所要修改为的密码，"确认密码"为新密码。

b. 界面设计如图4-9所示。

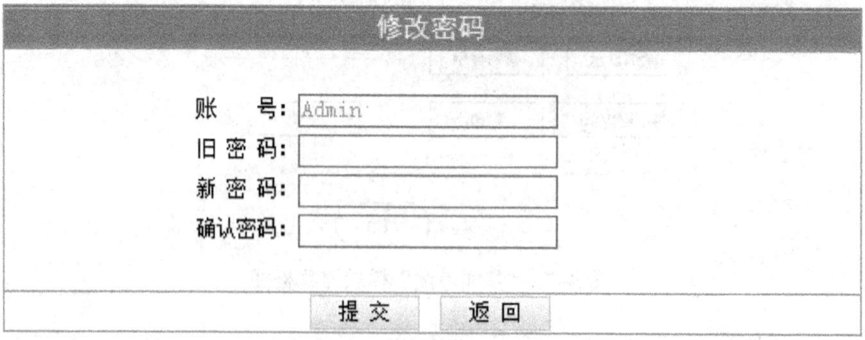

图4-9 "修改密码"界面

c. 程序代码：PersonInfo/PassWord.aspx。

（5）账户管理模块（图 4–10）。其包括创建管理员、超级管理员、用户等账户，可对账户进行添加、删除、修改。用户也可以查看账户信息来核对自己的信息。支持根据输入起止账号快速建立批量连续的账户，同时附带账户使用者部门、职务、账户类型、账户状态等属性。在导入账户界面，可以通过导入 Excel 文件快速将用户导入到数据库中。管理员可以在系统中新建账户、删除账户、修改账户信息、改变账户权限、将账户密码置空、删除答卷、导出账户。

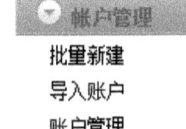

图 4–10 "账户管理"模块

① 批量新建。

a. 功能：根据输入起止账号快速建立账号，建立批量连续的账户。同时附带账户使用者部门、职务、账户类型、账户状态等属性。这里建立的账号是连号的。

b. 界面设计如图 4–11 所示。

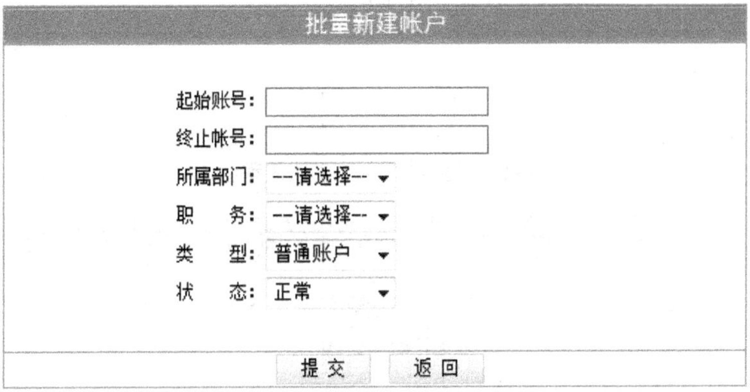

图 4–11 "批量新建账户"界面

c. 设计思路：在"起始账号"文本框里输入起始账号，确定"终止账号"。根据账号使用者的背景选择所属部门、职务。账号有两种类型，一是普通账户；二是管理账户，权限较大。最后是账号的状态，可以根据要求开通或者关闭这批账号。

d. 流程图如图 4–12 所示。

e. 程序代码：UserManag/NewMoreUser.aspx。

② 导入账户。

a. 功能：在导入账户这一界面，可以通过导入 Excel 文件快速将用户导入到数据库中。

b. 界面设计如图 4–13 所示。

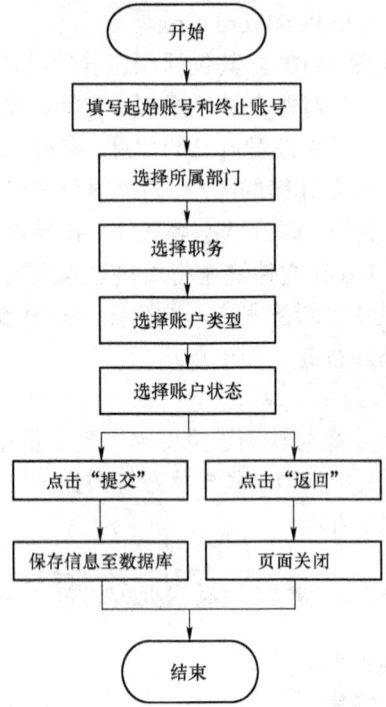

图 4-12 "批量新建"模块流程框图

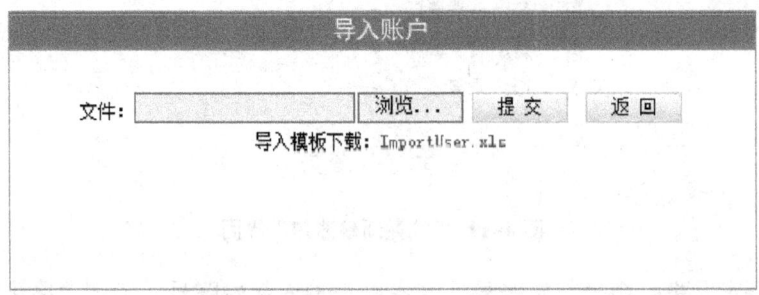

图 4-13 "导入账户"界面

  c. 设计思路：用户打开模板，根据信息依次填写相关信息。其中账号、性别、类型、状态为必填项。类型分为普通账户和管理账户两种，状态分为正常和禁止两种。填写完所有信息后保存。单击"浏览"按钮选中刚刚完成的模板文件，提交即可。

  d. 程序代码：UserManag/ImportUser.aspx。

 ③ 账户管理。

  a. 功能：在系统中新建账户、删除账户、修改账户信息、改变账户权限、将账户密码置空、删除答卷、导出账户。

  b. 界面设计如图 4-14 所示。

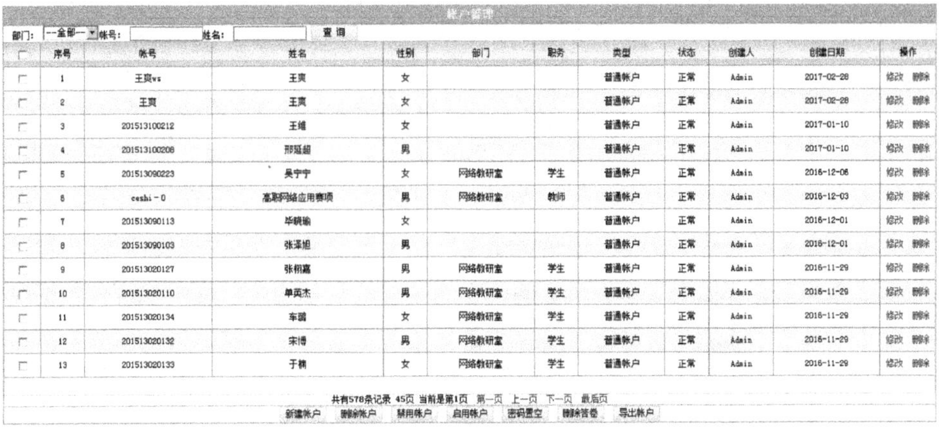

图 4–14 "账户管理"界面

c. 程序代码：UserManag/ ManagUserList.aspx。

（6）题库管理模块。导入最新的题目，更新题库。管理题库中的题目，管理人员可以在题库管理中新建、删除、导出试题。统计试题时在页面中可以清晰地看到目前题库的试题分布，单击"试题分布"按钮，弹出"试题分布"页面，只能查看。

① 导入题库。

a. 功能：导入最新的题目，更新题库。

b. 界面设计如图 4–15 所示。

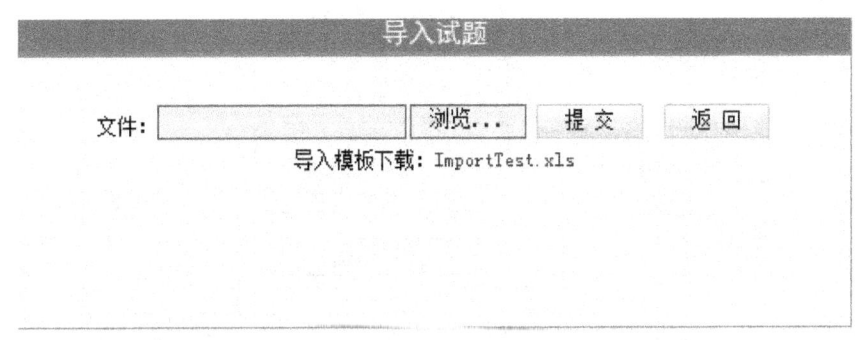

图 4–15 "导入题库"界面

c. 程序代码：RubricManag/ImportTest.aspx。

② 题库管理。

a. 功能：管理题库中的题目。

b. 界面设计如图 4–16 所示。

题库管理

科目名称：--全部-- 知识点：--全部-- 题型名称：--全部-- 试题难度：--全部-- 试题内容： 查询

	序号	科目名称	知识点	题型名称	试题内容	创建人	创建日期	操作
	1	综合布线	基础知识	判断题	( ) 红外探测器包含两个互相...	Admin	2016-11-25	修改 删除
	2	综合布线	基础知识	判断题	( )红外对射探测器，属于主...	Admin	2016-11-25	修改 删除
	3	综合布线	基础知识	判断题	( ) 探测器是由电子和机械...	Admin	2016-11-25	修改 删除
	4	综合布线	基础知识	判断题	( ) 目前智能报警系统常用...	Admin	2016-11-25	修改 删除
	5	综合布线	基础知识	判断题	( ) 智能报警系统是指用物理...	Admin	2016-11-25	修改 删除
	6	综合布线	基础知识	判断题	( ) 电磁感应原理是开合电路...	Admin	2016-11-25	修改 删除
	7	综合布线	基础知识	判断题	( ) RFID射频识别技术，...	Admin	2016-11-25	修改 删除
	8	综合布线	基础知识	判断题	( ) RS485接口采用2线...	Admin	2016-11-25	修改 删除
	9	综合布线	基础知识	判断题	( )红外摄像机常常用于夜间...	Admin	2016-11-25	修改 删除
	10	综合布线	基础知识	判断题	( ) CCD的成像过程如下：...	Admin	2016-11-25	修改 删除
	11	综合布线	基础知识	判断题	( ) 指纹识别技术主要是通过...	Admin	2016-11-25	修改 删除
	12	综合布线	基础知识	判断题	( ) 配电箱正常运行时只能借...	Admin	2016-11-25	修改 删除
	13	综合布线	基础知识	判断题	( ) RCA音频端子一般成对...	Admin	2016-11-25	修改 删除

1 2 3 4 5 6 7 8 9 10 ...

共有197条记录 16页 当前是第1页 第一页 上一页 下一页 最后页

新建试题 删除试题 导出试题

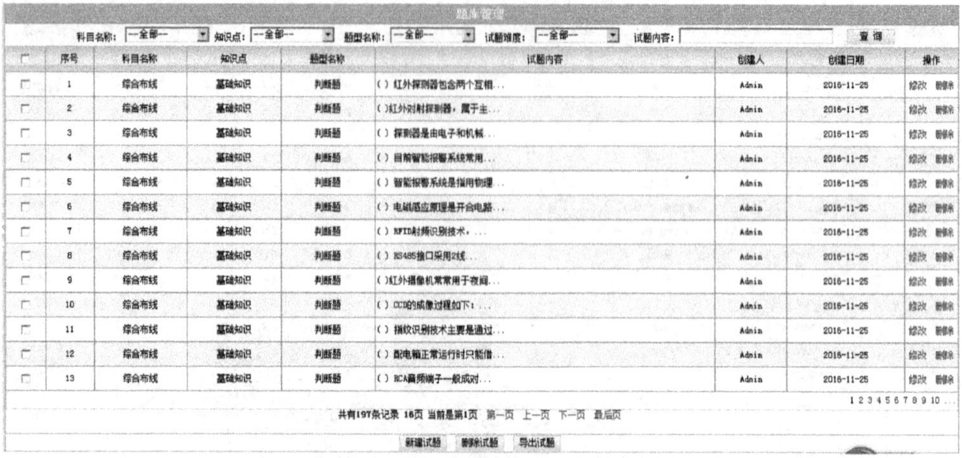

图 4–16 “题库管理”界面

c. 设计思路：管理人员可以在题库管理中新建、删除、导出试题。

d. 流程图如图 4–17 所示。

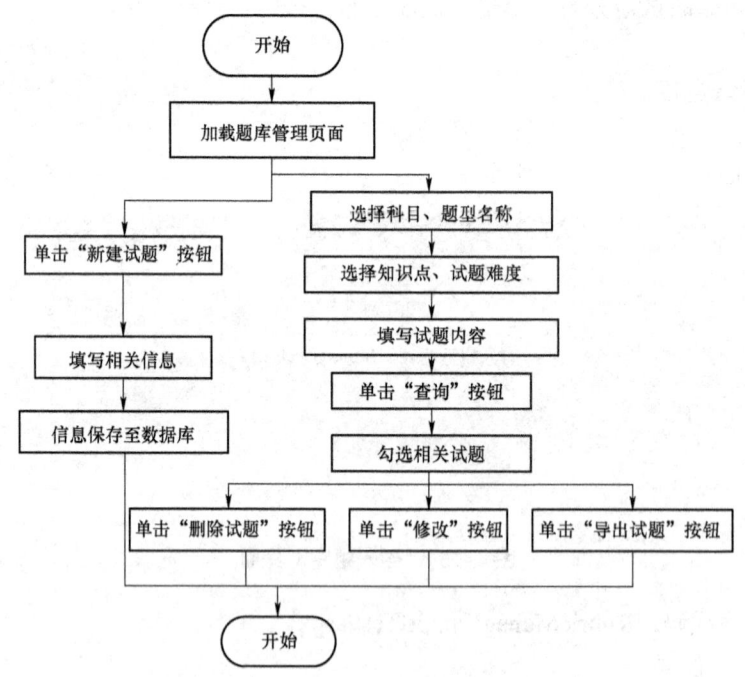

图 4–17 “题库管理”模块流程框图

e. 程序代码：RubricManag/ManagTestList.aspx。

③ 题库统计。

a. 功能：统计试题。

b. 界面设计如图 4-18 所示。

题库统计			
序号	科目名称	试题数量	试题分布
1	弱电系统集成	2	试题分布
2	综合布线	195	试题分布

共有2条记录 1页 当前是第1页 第一页 上一页 下一页 最后页

图 4-18 "题库统计"界面

c. 程序代码：RubricManag/CountTest.aspx。

（7）试卷管理模块（图 4-19）。撰写考试试卷。选择组卷方式，第一种是随机组卷。单击下方的"随机组卷"按钮弹出"随机组卷"页面。第二种，手工组卷。单击"手工组卷"按钮，弹出"手工组卷"页面。

图 4-19 "试卷管理"模块

a. 功能：撰写考试试卷。

b. 界面显示如图 4-20 所示。

考试试卷管理										
试卷名称：		组卷方式：	一全部一	查询							
□	序号	试卷名称	出题方式	有效时间	题量	总分	出卷人	创建日期	操作	
□	1	综合布线期末考试题	试题随机	2016/12/3 0:00:00/ 2020/1/1 0:00:00	30	30	Admin	2016-12-03	修改 删除 预览	
□	2	光纤熔接工程技术实训项目考核	试题随机	2016/11/30 0:00:00/ 2016/12/30 0:00:00	20	10	Admin	2016-11-30	修改 删除 预览	
□	3	垂直子系统规划和设计单元考核	试题随机	2016/11/30 0:00:00/ 2016/12/30 0:00:00	10	100	Admin	2016-11-30	修改 删除 预览	
□	4	水平子系统-PVC线槽布线实训单元考核	试题随机	2016/11/30 0:00:00/ 2016/12/30 0:00:00	10	100	Admin	2016-11-30	修改 删除 预览	
□	5	网络跳线制作及测试实训单元测试考核	试题随机	2016/11/30 0:00:00/ 2016/12/30 0:00:00	20	100	Admin	2016-11-30	修改 删除 预览	
□	6	综合布线工程设计课程考核	试题随机	2016/11/30 0:00:00/ 2016/12/30 0:00:00	30	100	Admin	2016-11-30	修改 删除 预览	
□	7	2014届学生综合布线考试题-物联网应用1、2班	题库固定	2016/6/16 15:15:00/ 2016/6/30 21:00:00	100	100	Admin	2016-06-16	修改 删除 预览	
□	8	2014届学生综合布线统一补考题	题库固定	2016/6/15 10:00:00/ 2016/7/13 17:00:00	100	100	Admin	2016-06-15	修改 删除 预览	
□	9	2014届网络技术专业学生在线理论考试	题库固定	2016/6/15 10:00:00/ 2016/6/30 10:00:00	100	100	Admin	2016-06-15	修改 删除 预览	
□	10	弱电测试1	题库固定	2016/8/15 9:00:00/ 2016/8/15 9:50:00	2	100	Admin	2016-06-15	修改 删除 预览	
□	11	2014届学生综合布线考试题-物联网项目1、2班二考	题库固定	2016/6/15 8:10:00/ 2016/6/15 10:00:00	100	100	Admin	2016-06-15	修改 删除 预览	
□	12	2014届学生综合布线考试题-物联网项目1、2班	试题随机	2016/6/8 8:15:00/ 2016/6/8 10:00:00	100	100	Admin	2016-06-08	修改 删除 预览	
□	13	2014届学生综合布线测试题-模拟题	试题随机	2016/6/2 14:00:00/ 2016/6/2 15:00:00	50	100	Admin	2016-06-02	修改 删除 预览	

共有19条记录 2页 当前是第1页 第一页 上一页 下一页 最后页 1 2

随机组卷　手工组卷　删除试卷

图 4-20 "考试试卷管理"界面

c. 程序代码：PaperManag/ManagExamPaper.aspx。

图 4-21 "过程管理"界面

(8) 过程管理模块。在图 4-21 页面中，点击"考试管理"菜单可以清晰地看到目前正在进行的考试和已经无效的考试，管理人员可以查看答卷记录或者删除答卷，如图 2-22 所示。

a. 功能：管理在线考试。在页面中可以清晰地看到目前正在进行的考试和已经无效的考试，管理人员可以查看答卷记录或者删除答卷。

b. 界面设计如图 4-22 所示。

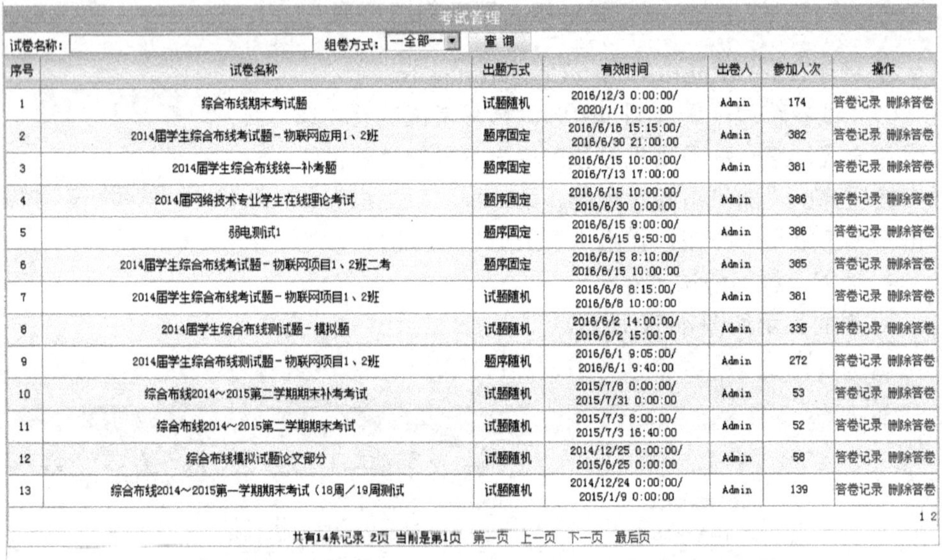

图 4-22 "考试管理"界面

c. 程序代码：ProcessManag/ManagProcess.aspx。

(9) 成绩管理模块（图 4-23）。首先管理人员可以查询相关试卷，在"试卷名称"中输入试卷名称，选择日期，单击"查询"按钮即可。查询到相关考试成绩后，可以进一步查看此次考试的平均分、详细成绩、知识点、题型和试题。单击"平均分"按钮，弹出平均分页面。

a. 功能：管理所有考试成绩。管理人员可以查询相关试卷，在"试卷名称"文本框中输入试卷名称，选择日期，单击"查询"按钮即可。

b. 界面设计如图 4-24 所示。

图 4-23 "成绩管理"模块

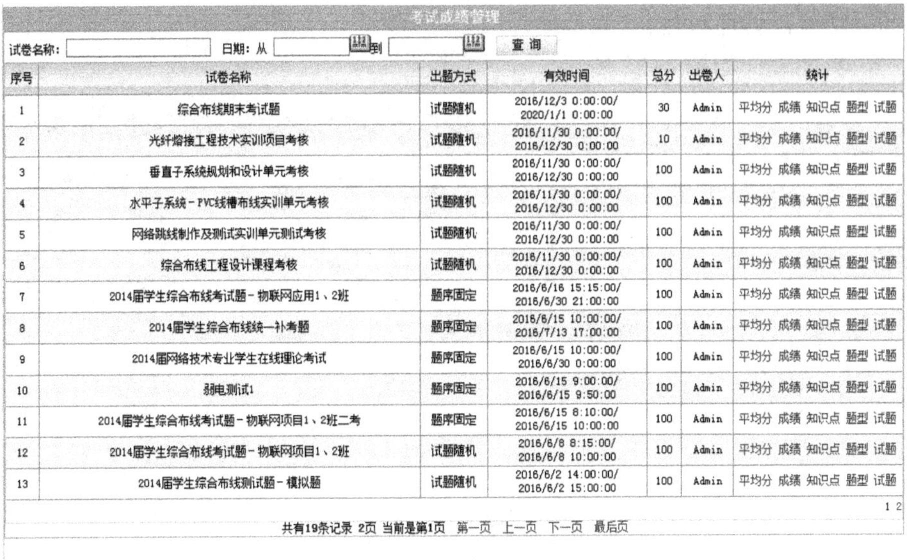

考试成绩管理

试卷名称：　日期：从　到　查 询

序号	试卷名称	出题方式	有效时间	总分	出卷人	统计
1	综合布线期末考试题	试题随机	2016/12/3 0:00:00/ 2020/1/1 0:00:00	30	Admin	平均分 成绩 知识点 题型 试题
2	光纤熔接工程技术实训项目考核	试题随机	2016/11/30 0:00:00/ 2016/12/30 0:00:00	10	Admin	平均分 成绩 知识点 题型 试题
3	垂直子系统规划和设计单元考核	试题随机	2016/11/30 0:00:00/ 2016/12/30 0:00:00	100	Admin	平均分 成绩 知识点 题型 试题
4	水平子系统－PVC线槽布线实训单元考核	试题随机	2016/11/30 0:00:00/ 2016/12/30 0:00:00	100	Admin	平均分 成绩 知识点 题型 试题
5	网络跳线制作及测试实训单元测试考核	试题随机	2016/11/30 0:00:00/ 2016/12/30 0:00:00	100	Admin	平均分 成绩 知识点 题型 试题
6	综合布线工程设计课程考核	试题随机	2016/11/30 0:00:00/ 2016/12/30 0:00:00	100	Admin	平均分 成绩 知识点 题型 试题
7	2014届学生综合布线考试题－物联网应用1、2班	题序固定	2016/6/16 15:15:00/ 2016/6/30 21:00:00	100	Admin	平均分 成绩 知识点 题型 试题
8	2014届学生综合布线统一补考题	题序固定	2016/6/15 10:00:00/ 2016/7/13 17:00:00	100	Admin	平均分 成绩 知识点 题型 试题
9	2014届网络技术专业学生在线理论考试	题序固定	2016/6/15 10:00:00/ 2016/6/30 0:00:00	100	Admin	平均分 成绩 知识点 题型 试题
10	弱电测试1	题序固定	2016/6/15 9:00:00/ 2016/6/15 9:50:00	100	Admin	平均分 成绩 知识点 题型 试题
11	2014届学生综合布线考试题－物联网项目1、2班二考	题序固定	2016/6/15 8:10:00/ 2016/6/15 10:00:00	100	Admin	平均分 成绩 知识点 题型 试题
12	2014届学生综合布线考试题－物联网项目1、2班	试题随机	2016/6/8 8:15:00/ 2016/6/8 10:00:00	100	Admin	平均分 成绩 知识点 题型 试题
13	2014届学生综合布线测试题－模拟题	试题随机	2016/6/2 14:00:00/ 2016/6/2 15:00:00	100	Admin	平均分 成绩 知识点 题型 试题

1 2

共有19条记录 2页 当前是第1页 第一页 上一页 下一页 最后页

图 4–24 “考试成绩管理”界面

c. 程序代码：GradeManag/ManagGrade.aspx。

（10）系统设置模块（图 4–25）。其包括部门设置、职务设置、科目设置、题型设置、权限设置、综合设置功能。

① 部门设置。

a. 功能：管理账户的部门属性。

b. 界面设计如图 4–26 所示。

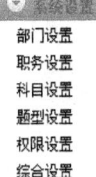

图 4–25 “系统设置”模块

部门设置

部门名称：　添加　查 询

	序号	部门名称	设置	编辑	删除
	1	应用教研室	帐号设置	编辑	删除
	2	软件教研室	帐号设置	编辑	删除
	3	网络教研室	帐号设置	编辑	删除

1

共有3条记录 1页 当前是第1页 第一页 上一页 下一页 最后页

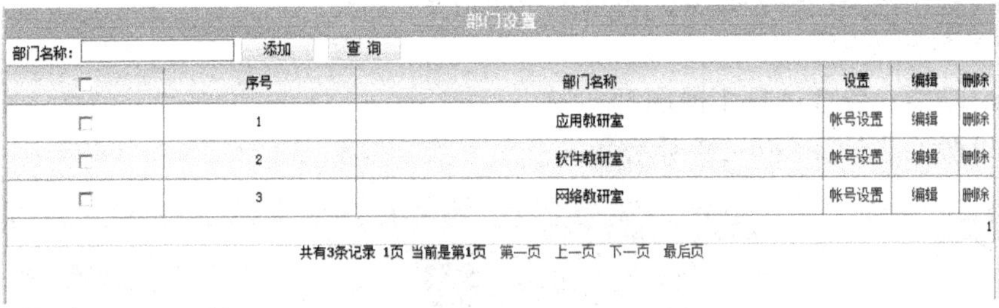

图 4–26 “部门设置”界面

c. 程序代码：SystemSet/ManagDeptList.aspx。

② 职务设置。

a. 功能：管理账户的职务属性。

b. 界面设计如图 4–27 所示。

c. 程序代码：SystemSet/ManagJobList.aspx。

③ 科目设置。

a. 功能：管理科目。

b. 界面设计如图 4-28 所示。

图 4-27 "职务设置"界面

图 4-28 "科目设置"界面

c. 程序代码：SystemSet/ ManagSubjectList.aspx。

④ 题型设置。

a. 功能：管理试题中的题型。

b. 界面设计如图 4-29 所示。

图 4-29 "题型设置"界面

成果四 综合布线技术在线考试系统

如果需要添加题型，则在"题型名称"文本框中填写内容，选择"基本类型"，单击"添加"按钮。

如果需要编辑已经存在的题型，单击"编辑"按钮，题型名称进入编辑状态。编辑完毕后单击"更新"按钮。同时，如果想删除此题型，单击题型后面的"删除"按钮即可。

c. 程序代码：SystemSet/ManagTestTypeList.aspx。

⑤ 权限设置。

a. 功能：管理权限。管理人员可以给账户设置评卷、评卷题型、担任角色3种权限。

b. 界面设计如图4-30所示。

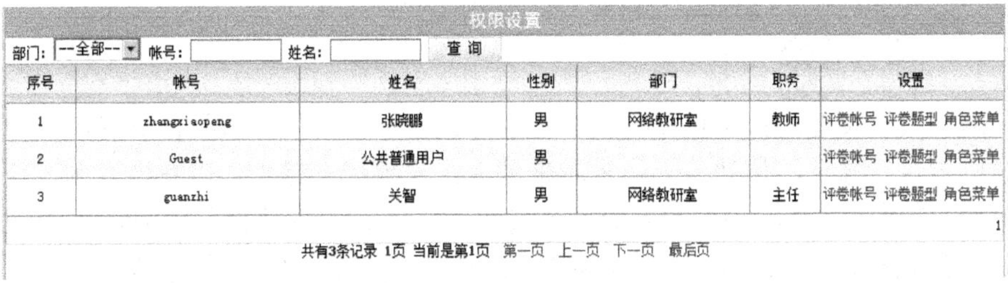

图4-30 "权限设置"界面

c. 程序代码：SystemSet/ManagPowerList.aspx。

（11）系统帮助模块（图4-31）。提供系统的操作使用帮助和最新信息，包括版本、作者、版权所有等信息。

图4-31 "系统帮助"模块

成果五 基于B/S模式在线选课系统设计与实现

完成单位：辽宁工程职业学院

完 成 人：郝　颖、李图江、卢　萍、金　鹏、白云鹏

一、项目背景

随着教学管理的计算机化，教学管理方式在不断变化。教学计划随着社会和科技进步进行修订，使教务工作量越来越大，人数越来越少。以我校为例，在通过 ISO 9001 评审后，决定教务处人员定岗为 7 人，其中排课任务只能由 1 人完成。虽然说提高了工作效率，但是排课人员的工作量已经大大超过了其能力范围。所以，通过其他方式减少排课工作量，提高排课效率势在必行。现在，各高校都有自己的校园网，并基本与外网相连。所以，高校建立网上选课系统是大势所趋。

在我校 2011 年成立高职学院以后，招生人数一年比一年多，但是教务工作还是以人工为主，已经开始赶不上学院的工作速度。传统的人工选课模式的问题也慢慢显露出来。

之前学校开设的公共选修课都是由人工报课、人工整理，管理工序复杂烦琐。第一步由教务处人员分发下学期课程信息到各个系，各系收到通知后发给系内教师，教师根据自身条件选择课程，然后将填写后的信息返回教务处。教务处再对其进行审核和筛选，再将最终的课程情况发给各个系的班级，由学生选择填报。学生填好以后以班级为单位返回教务处。这期间如果有哪一门课发生人数过多的情况，将把后录入的学生选报信息打回班级个人处重填。这个过程会一直循环，直到没有学科人数超员。学院目前这种人工选课的方法，存在以下问题。

（1）工作量大。

公共选修课的制订是由各系申报，然后教务处根据学校自身教学资源，安排选修课资源，再统计汇总各班人数，生成课表。

（2）工作耗时长。

由于学生事先无法得知某门公共课报名人数，所以往往造成一些受欢迎的课程人数过多，后报名的同学未被录取，而延误了选报其他课程的情况。

成果五　基于 B/S 模式在线选课系统设计与实现

（3）上课时间易发生冲突。

学生每学期可以选择两门公共课。但学生选课时无法得知上课时间，待课表公布时有一些学生会发现自己的两门课程时间撞车，又要重新提出申请选择其他课程。

（4）教师录入、发表成绩不方便。

教师收到的名单是由各个系组成的，所以教师下课后要人工录入成绩，还要将名单按系进行汇总，然后期末按系上成绩。这期间又增加了教师的工作量，浪费了大量的教学资源。

所以根据人工选课造成的问题，从问题出发，本着减少人力浪费，提高选课管理效率，同时还要保障学院教务工作顺利有序地进行，只有通过系统的帮助才是最有效的途径。由于辽宁工程职业学院于近年建立，还未拥有自己的选课系统，为了提高学院选课工作的效率，建立自己的网上选课系统是学院目前的头等大事。

二、设计要求

在系统建立以后，每学期教务人员只需要将课程信息发布到网上，学生在家中通过计算机或者手机即可登录系统，就算放假期间也可以完成选课，教务管理部门可以通过办公室或任意联网计算机管理选课情况，就算在家中也可以随时对教学资源实时进行调控，并能随时发布调控结果，课程教师同样可以在任何时间段及时了解选课情况，在选课结束后立即得到所有选课学生信息。

同时学校还要求，系统要能够管控如系别、人数等数据，不能任意选课，要有一定的限制；否则对教务处管理会造成一定的麻烦。由于选课过程基本只在学期初进行，开放时间是有限制的，所以还要求系统有一定的实效性，系统很有可能会在一段很短的时间内提出大量的访问、查询、修改等要求，而且还要能够快速做出回应，必须在学校要求的时间内完成工作。网上选课，可随时通过互联网对选课进行查询；教务对选课情况可进行无纸化管理；有良好的通用性和开放性，教师与学生在平时可随时通过互联网登录选课系统进行选课和查询。

系统不仅使用智能化的检测方法和管理手段，还要求可以随时查看选课状况、学生信息，并保证准确性；要适用各个年龄段的教师，操作要简单易懂。具有统计、查询和制表功能，还能反映原始数据并且生成表格；还要为日后学校的其他系统（如成绩管理、课表系统等）留有相应的接口，形成一体化、智能化的教学管理体系。根据辽宁工程职业学院的实际情况，在征集各系部的意见与要求后，又重新分析了选课过程，还通过问卷调查了解了学生的一些看法，确定了本系统主要研究方向。

（1）学期初将开课信息公布在校园网站。

（2）学生可以在校园网站上查询选课信息，通过网上选课系统进行选课、修改密码、查询成绩等。

（3）教务处要能随时追踪学员选课情况，并根据教学资源和师资随时进行调

121

整，并能及时公布调整信息。

三、系统总体设计

1. 系统需求与功能

这款网上选课系统的开发目标是，实现一个符合辽宁工程职业学院需求的、可以通过互联网访问、使用简单明了、运行方便快捷的教务管理系统。能够通过此系统重新分配教学资源，提高教学资源利用率，从而结束教务处传统的学期选课方法等一系列繁杂的工作。

网上选课系统的建设目标细化后，可实现通过互联网进行选课，能够共享信息，其中包括教师打分、学生选择的公共课、学生专业选修课程、随时浏览课程信息、管理员能快速分配课程上课时间和地点、管理员还有权限修改学分等。为了方便记录和留存，还要有各种数据的打印功能。在学校的日常教学过程中，还要能满足学校提出的一些新加功能。网上选课系统功能需求总结如图5-1所示。

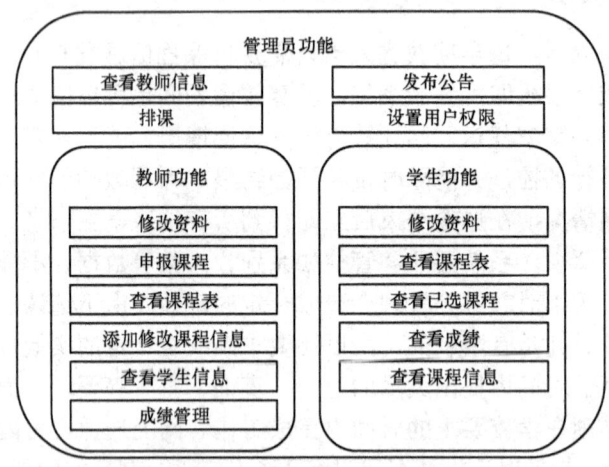

图 5-1　系统需求与功能图

2. 系统架构设计

该系统采用的是 B/S 架构，使用 ASP 技术进行的 Web 应用开发的系统基本模型如图 5-2 所示。

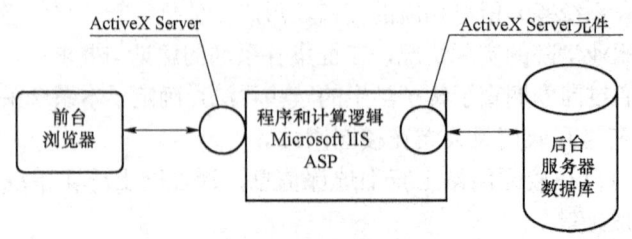

图 5-2　系统架构

成果五　基于 B/S 模式在线选课系统设计与实现

三层式 Web 结构的中间一层是用 IIS+ASP 构成的，通过客户机/服务器的紧密结构再连接 Web，来完成前端和后端的集成输出结果，这样设计的 Web 站点开发方式更简单方便，实现的功能也更多、更强大。

（1）总体结构设计。系统总体上被分为三层：第一层为用户表示层，第二层为中间层，第三层是数据库层，这里第二层的中间层又被分为 Web 层、业务逻辑层和数据访问层，如图 5-3 所示。

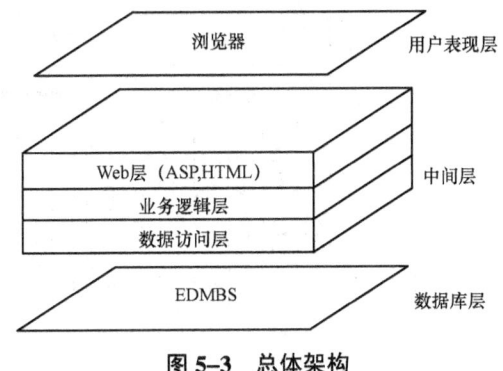

图 5-3　总体架构

① 用户表示层。其功能是展示用户接口还要通过用业务层的对象和类来"驱动"这些接口。在 ASP 中，这一层有 ASP 页面、用户控制、服务器控制，还有一些与安全相关的类和对象。

② 中间层。中间层主要由 Web 层、业务逻辑层和数据访问层组成，这些层各有各的功能。

a. 中间 Web 层：主要通过 ASP 技术实现和逻辑层的通信，然后再把业务逻辑层的数据返回给浏览器，以此完成相应用户的各种请求。

b. 中间业务逻辑层：中间业务逻辑层的主要功能是，进入数据层进行读取、修改和删除数据，然后将结果返回给用户表示层。基本可以说是表示业务功能的层，在 Web 层和用户交互也是在这里完成，还可以使访问层与数据库通信。

c. 中间数据访问层：它可以简化业务逻辑层的代码编写工作，并提供统一的数据访问接口给业务逻辑层。在 ASP 中，该层包括使用 SQL Client 或 Ole Db 从 SQL Server 2005 数据库取数据、更新数据或者删除数据，并且能将这些数据存放在 Data Reader 或 Dataset 中再返回给表示层。返回的数据可能只有一个整型数字，比如一个表示行数或是数据的种类代码，但这些也必须要使用数据层的数据进行计算。

③ 数据层。在本系统中数据的存储和处理使用的是大型关系型数据库管理系统来实现的。通常它是 SQL Server 2005 数据库，但并非只限于此种形式，它还可能是 Oracle、MySQL 或 XML。

（2）模块设计。根据学院对系统的需求分析所得，本系统主要模块分为管理员模块、教师模块、学生模块三部分。

① 管理员模块。它是系统中功能最多、权限最大的，所以它的子模块也是最多的，主要由以下 4 个子模块组成，即信息管理模块、课程管理模块、成绩管理模块和修改资料模块，可以通过图 5–4 来理解这个模块的功能。在这些子模块中，又可以实现图 5–5 所示的 7 项功能。

管理员
信息管理
课程管理
成绩管理
修改资料
选课系统

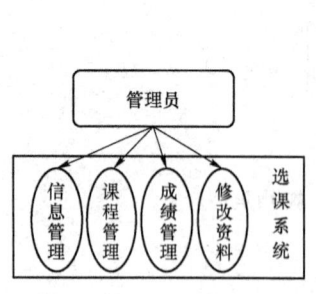

图 5–4　管理员模块功能图

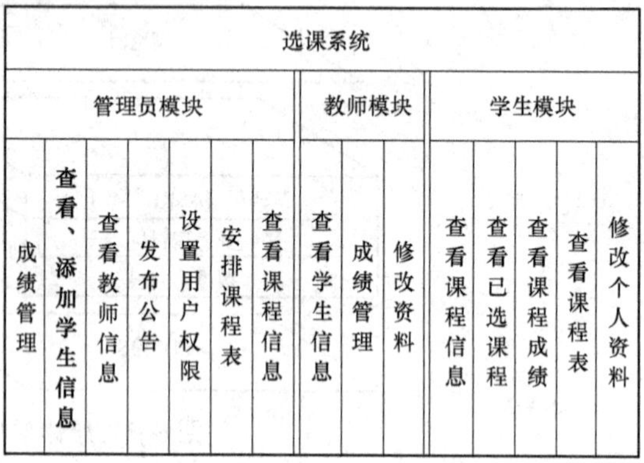

选课系统
管理员模块
教师模块
学生模块
成绩管理
查看、添加学生信息
查看教师信息
发布公告
设置用户权限
安排课程表
查看课程信息
查看学生信息
成绩管理
修改资料
查看课程信息
查看已选课程
查看课程成绩
查看课程表
修改个人资料

图 5–5　系统功能图

a. 信息管理。用于显示在学生管理中录入的所有学生基本信息，并且可以随时修改或删除；添加新学生信息到系统中；按姓名、学号等查询学生信息；添加教师的信息到教师管理中，并可以随时修改和删除。可以在课程管理中显示教师申报的所有课程；拥有公告功能，并且可以随时修改，如图 5–6 所示。

登录
教师信息
学生信息
查找
修改、删除
显示查找结果

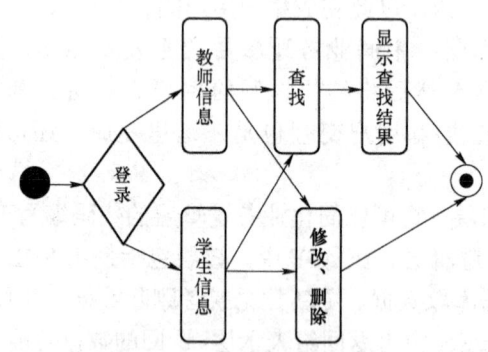

图 5–6　信息管理活动图

b. 成绩管理。此功能主要满足用户查看哪些学生考试成绩的相关信息，还要有查询功能，可通过多种类别查询，查询后可随时修改或添加成绩，如图 5–7 所示。

c. 课程管理。此功能主要满足用户添加课程、添加教师信息、显示相关信息的要求，并提供了修改课程信息和删除课程功能，如图5-8所示。

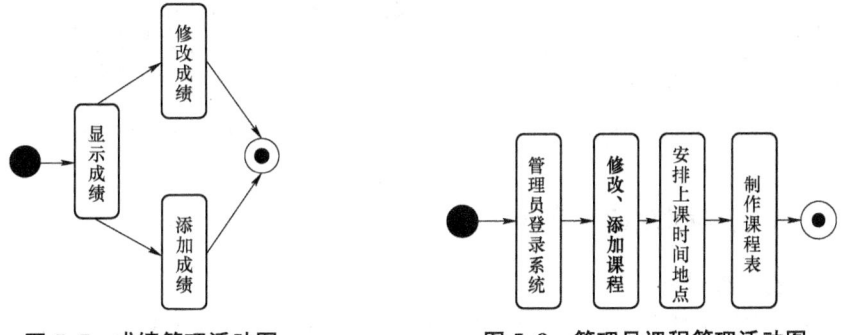

图5-7 成绩管理活动图　　　　　图5-8 管理员课程管理活动图

d. 修改资料。此功能可以按要求修改管理员的登录密码，并可按要求添加系统管理员用户账号。

② 教师模块。主要由查看信息模块、成绩管理模块和资料修改模块组成。图5-9所示的3个模块就能实现图5-5所示的3项功能。

a. 查询信息。可以查询学生信息和课程信息。

b. 成绩管理。如图5-10所示，能够按照要求添加或修改学生考试成绩。

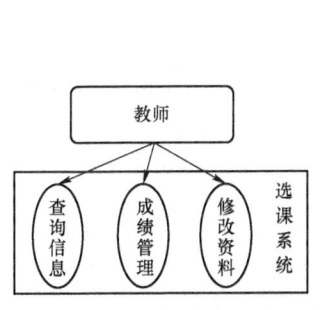 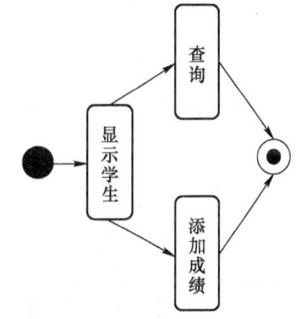

图5-9 教师模块功能图　　　　　图5-10 教师成绩管理功能图

c. 资料修改。此模块主要修改教师的个人信息，如姓名、职称等。

③ 学生模块。如图5-11所示，主要分为4个子模块，分别由查看信息子模块、选择课程子模块、成绩查询子模块以及修改资料子模块组成。

a. 选择课程。主要功能是显示学生所有可选课程的信息和该用户已经选择的课程。修改过程如图5-12所示。

b. 成绩查询。用户可以在这里查询自己的考试成绩。

c. 资料修改。主要功能是帮助用户修改自己的登录密码。

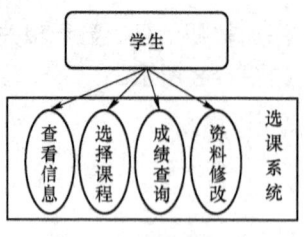

图 5-11 学生模块功能图

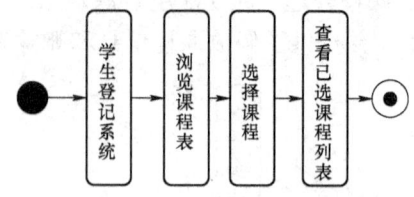

图 5-12 学生选课活动图

四、系统详细设计与实现

1. 系统详细设计

根据对学校要求以及其他系统分析的结果，再按照结构化的系统设计方法，对各功能实现过程情况进行下列论述。

1）管理员功能模块设计

（1）管理员模块要能够管理和维护用户信息，能管理和维护课程相关功能。

首先是管理和维护所有用户信息的功能，为了达到这个目的，需要这个子模块拥有添加、删除和修改系统用户 3 个功能。并且能够为这些功能做出引导，让管理员进入后快速地了解自己的操作范围和工作职能。在管理员操作时系统能够根据管理员的操作做出反应。下面将对管理员模块的 3 个功能做一个简单的描述。添加用户功能描述见表 5-1。

表 5-1 添加用户功能描述

功能：添加用户	
【简要描述】	管理员进入添加用户后，开始输入用户信息，确定后系统保存用户信息，提示添加成功后返回添加页
【角色】	管理员
【场景描述】	（1）管理员登录； （2）管理员选择教师/学生管理或添加用户； （3）输入用户信息； （4）确定
【业务规则】	只有系统管理员可以添加系统用户
【输入数据】	新用户信息
【输出数据】	提示管理员添加成功
【前置条件】	管理员身份登录并选择添加用户
【后置条件】	管理员可以查看、修改、删除用户信息

成果五　基于 B/S 模式在线选课系统设计与实现

修改用户信息功能描述见表 5-2。

表 5-2　修改用户功能描述

功能：修改用户信息	
【简要描述】	管理员进入显示用户信息界面后，选择需要修改的用户，输入用户信息，确定后系统保存用户信息，提示添加成功后返回添加页
【角色】	管理员
【场景描述】	（1）管理员登录； （2）管理员选择教师/学生管理或选择修改用户； （3）输入用户信息； （4）确定
【业务规则】	只有系统管理员可以添加系统用户
【输入数据】	新用户信息
【输出数据】	提示管理员添加成功
【前置条件】	管理员身份登录并选择显示用户、修改用户
【后置条件】	管理员可以查看、修改、删除用户信息

删除用户功能描述见表 5-3。

表 5-3　删除用户功能描述

功能：删除用户信息	
【简要描述】	管理员进入显示用户信息界面后，选择需要删除的用户，确定后系统删除用户信息，提示管理员删除成功后返回添加页
【角色】	管理员
【场景描述】	（1）管理员登录； （2）管理员选择教师/学生用户； （3）选择删除用户信息； （4）确定删除
【业务规则】	只有系统管理员可以删除系统用户
【输入数据】	删除操作
【输出数据】	提示管理员删除成功
【前置条件】	管理员登录到系统
【后置条件】	管理员可以添加用户信息

上面 3 个功能是管理员的主要权限和职能，管理员通过这 3 个功能，就能完

成对其普通用户（教师/学生）信息管理。

　　课程管理。学期开始的课程选择、录入等工作都是由管理员来完成的，此功能的作用就是帮助管理员快速完成课程管理。管理员打开此功能后，可以针对指定的教师和通过审批的课程安排上课时间、地点。对于审批未通过或者错误的课程信息要能够删除或修改。课程功能描述见表5-4。

表5-4　课程管理功能描述

功能：课程管理功能	
【简要描述】	管理员选择课程管理，进入课程管理界面，选择要排课程进行安排或信息修改，为该门课程分配上课时间、地点
【角色】	管理员
【场景描述】	（1）管理员选择课程管理； （2）显示所有申报课程； （3）选课要排课程，单击进入； （4）在排课界面进行时间、地点安排； （5）删除不满足要求的课程
【业务规则】	只有系统管理员可以进行课程管理
【输入数据】	选择需要管理的课程
【输出数据】	显示教室地点和时间
【前置条件】	管理员登录到系统，选择课程管理功能
【后置条件】	管理员可以修改、删除课程

　　（2）教师模块的主要功能是帮助教师修改自己的个人信息，还能添加学生的成绩信息。

　　修改个人信息。教师通过教师账号后，可以根据提示先修改自己账号的默认密码，以保障教师账号的安全，这一点是很重要的。修改个人信息功能描述见表5-5。

表5-5　修改密码功能描述

功能：修改密码	
【简要描述】	教师选择修改密码链接，进入修改密码界面，输入新密码，系统记录新密码，提示密码修改成功并返回修改页
【角色】	教师
【场景描述】	（1）教师选择修改密码； （2）进入修改密码界面； （3）录入新密码； （4）提示修改成功，返回修改页

续表

【业务规则】	系统用户均可以修改自己的密码
【输入数据】	旧密码、新密码
【输出数据】	操作成功后返回修改成功，失败提示错误
【前置条件】	教师登录到系统，选择修改密码
【后置条件】	教师可以查看课程信息、选报学生信息

成绩管理。教师在每学期课程结束登录系统，可以对其指导的学生进行成绩管理。

成绩功能描述见表5-6。

表5-6 成绩管理描述

功能：成绩管理	
【简要描述】	教师选择成绩管理链接，进入成绩管理界面，显示所教授学生信息后添加成绩
【角色】	教师
【场景描述】	（1）教师选择成绩管理； （2）进入成绩管理界面； （3）选择所教授学生信息，添加成绩； （4）提示成绩添加成功
【业务规则】	教师可以为学生添加成绩
【输入数据】	课程成绩
【输出数据】	提示添加成功
【前置条件】	教师登录到系统，选择成绩管理
【后置条件】	添加成绩

上面所述即为教师模块所实现功能的描述，通过这些功能，教师可以完善个人信息、编辑主讲课程信息以及管理学生成绩等操作。

（3）学生模块的主要功能是在保障学生顺利选课的前提下，拥有修改个人信息功能和查询功能。因为与教师的修改信息功能原理相同，这里不再讲解。

选择课程。此功能是本系统最重要的功能，也是核心功能，它的运行结果决定着系统的好坏。首先用户登录系统，进入学生首页。在学生首页中显示可选课程，这些都是由选报课程审批通过的。然后学生根据自身条件选课，比如兴趣爱好或时间段要求。选好后将课程信息保存到自己的选课项目中。

选择课程功能描述见表5-7。

表 5-7　选择课程描述

功能：选择课程	
【简要描述】	学生进入系统后，在学生首页选择课程
【角色】	学生
【场景描述】	（1）学生选择修改密码； （2）进入学生首页； （3）在课程列表中选择课程； （4）符合教务处规定，列入已选课程列表中； （5）提示添加成功，返回学生首页
【业务规则】	学生按要求选择课程
【输入数据】	
【输出数据】	操作成功返回修改成功，失败提示错误
【前置条件】	学生登录到系统
【后置条件】	课程查询、成绩查询

成绩查询。学期结束，学生登录系统后可以查看学科成绩。成绩查询功能描述见表 5-8。

表 5-8　成绩查询描述

功能：选择课程	
【简要描述】	当学生登录系统后，选择成绩查询，进入界面后显示选报课程成绩
【角色】	学生
【场景描述】	（1）学生登录系统； （2）选择成绩查询； （3）显示成绩信息
【业务规则】	学生按要求选择课程
【输入数据】	
【输出数据】	
【前置条件】	学生登录到系统，选择成绩查询
【后置条件】	

以上即是对学生模块所实现功能的描述，学生可以通过这些功能自己完成选课操作。

2）数据库设计

根据上面系统功能设计的要求和各个功能模块的分析，可以列出下面的数据

项目，再根据系统用户信息对数据库的要求列出数据库。

（1）管理员用户表。用来存储管理员用户信息，其表名定义为 controller，根据适用人群信息量很少，具体字段见表 5–9。

表 5–9 管理员用户表

字段名称	字段描述	字段类型长度	可为空否	备注
Ctrname	管理员名称	varchar（20）	否	PrimaryKey
Ctrpas	密码	varchar（20）	否	

（2）学生用户表。用来存储学生相关信息，其表名定义为 student，因为学生是此系统的主体且学生数量众多，所以信息量较大，具体字段见表 5–10。

表 5–10 学生用户表

字段名称	字段描述	字段类型长度	可为空否	备注
sno	学号	int（4）	否	PrimaryKey
sname	姓名	varchar（18）	否	
ssex	性别	char（2）	否	
department	院系	varchar（30）	否	
study	专业	varchar（30）	否	
class	班级	varchar（30）	否	
spas	密码	varchar（30）	否	

（3）教师用户表。用来存储学期选修课教师，教师用户表名为 teacher，信息量很少。具体字段见表 5–11。

表 5–11 教师用户表

字段名称	字段描述	字段类型长度	可为空否	备注
tno	教师号	varchar（20）	否	
tname	教师名	varchar（18）	否	
zhicheng	职称	char（10）	否	
tpas	密码	varchar（20）	否	

（4）课程表。存储本学期的课程信息，有时因为年级和教师安排等原因会有多个课程表，学生根据自己年级查看自己的课程表。课程表表名为 ch_Class。具

体字段见表 5–12。

表 5–12 课程表

字段名称	字段描述	字段类型长度	可为空否	备注
Id	ID	int（4）	否	自动编号
tno	教师号	varchar（20）	否	
cno	课程号	int（4）	否	
cname	课程名	varchar（50）	否	
dep	系别	char（10）	否	
info	课程简介	text（16）	否	
cbdate	开课时间	datetime（8）	否	
bname	楼名	char（10）	否	
mo	教室号	int（4）	否	
spar	校区	char（10）	否	
Rnum	人数	int（4）	是	
yixuan	已选人数	int（4）	是	

（5）公告表。公告表名是 gong gao，存储的是学校最近的公共信息，经常会有改动，其内容都是由管理员直接录入。具体字段见表 5–13。

表 5–13 公告表

字段名称	字段描述	字段类型长度	可为空否	备注
id	ID 号	int（4）	否	
neirong	留言内容	varchar（150）	是	

（6）系别表。系别的表名是 department，存储的是各个系的名称和各系自己的动态信息。具体字段见表 5–14。

表 5–14 系别表

字段名称	字段描述	字段类型长度	可为空否	备注
id	ID 号	int（4）	否	
partname	系名	char（30）	是	

（7）专业表。专业的表名为 zhuan ye，与系表很相似，存储的是各个专业的

成果五　基于 B/S 模式在线选课系统设计与实现

名称和动态信息。具体字段见表 5-15。

表 5-15　专业表

字段名称	字段描述	字段类型长度	可为空否	备注
id	ID 号	int（4）	否	
study	专业名	char（30）	是	

2. 系统实现

1）数据库连接部分的实现

通过 conn.asp 文件里设置数据库的连接配置。其配置内容主要包括数据库所在位置及用户信息等。具体实现代码如下：

```
<%
set rs=server.createobject("adodb.recordset")
set rs1=server.createobject("adodb.recordset")
'on error resume next
set con=server.createobject("adodb.connection") 'test
constr="provider=SQLOLEDB ; DataSource=127.0.0.1 , 1433 ; database=
xuanxiuke_database; user id=sa; password=mag796"
con.ConnectionTimeout=3
con.open constr
%>
```

程序执行的过程中，在需要连接数据库时会通过引用 conn.asp 文件以建立连接。具体实现代码如下：

```
<!--#include file=conn.asp-->
```

当与数据库建立连接以后，就可以通过以上的数据库代码来读取、修改和删除数据库表中的内容。

2）系统功能实现

（1）管理员模块。学期初管理员进入后台管理当前学期的课程，限制某门课程的选课人数以及是否限制选课门数等参数。课程设置的主要代码如下：

```
<td width='' height=24 bgcolor='#e0fefe' style="white-space:nowrap">
    <a href='#' id='edit_button'"&Major&"'
onclick='javascript:save<%= CourseID%>.disabled=false; delete<%=CourseID%>.
disabled=false;' value= '编辑'>编辑</a>
    <a href='#' name="save<%=CourseID%>" onclick='doclick("save","<%=
CourseID%>")' value='保存' disabled>保存</a>
    <a href='#' name="delete<%=CourseID%>"onclick='doclick("delete",
"<%=CourseID%>")' value='删除' disabled>删除</a>
</td>
<script language="javascript">
```

133

```
function doclick(buttontype,id)
{
    if(buttontype=='edit')
    {
        for(i=1;i<12;i++)
        {document.getElementById(id+i).readOnly = false;}
    }
    else if(buttontype=='save')
    {    var kechengmingcheng=document.getElementById('kechengmingcheng'+id);
        var kechengleixing=document.getElementById('kechengleixing'+id);
         //alert(kechengleixing.value);
        var kaisheyuanxi=document.getElementById('kaisheyuanxi'+id);
        var kechengzhuanye=document.getElementById('kechengzhuanyetext'+id);
        var shoukejiaoshi=document.getElementById('shoukejiaoshi'+id);
        var xingqi=document.getElementById('xingqi'+id);
        var shangkeshijian=document.getElementById('shangkeshijian'+id);
        var shoukedidian=document.getElementById('shoukedidian'+id);
        //var jiekefangshi=document.getElementById('jiekefangshi'+id);
        var shoukezhoushu=document.getElementById('shoukezhoushu'+id);
        var kaishizhou=document.getElementById('kaishizhou'+id);
        var xuefen=document.getElementById('xuefen'+id);
        var zuidarenshu=document.getElementById('zuidarenshu'+id);
        var shifoukaishe=document.getElementById('shifoukaishe'+id);
        var ruxuenianfen=document.getElementById('ruxuenianfen'+id);
        var dept_sel_nianji=document.getElementById('dept_sel_nianji');
        if(shifoukaishe.checked==true)
            shifoukaishe.value=1
        else
            shifoukaishe.value=0
top.iframe_main.location.href='course.asp?doit=save&kechengmingcheng='+kechengmingcheng.value+'&kechengleixing='+kechengleixing.value+'&kaisheyuanxi='+kaisheyuanxi.value+'&kechengzhuanye='+kechengzhuanye.value+'&shoukejiaoshi='+shoukejiaoshi.value+'&xingqi='+xingqi.value+'&shangkeshijian='+shangkeshijian.value+'&shoukedidian='+shoukedidian.value+'&shoukezhoushu='+shoukezhoushu.value+'&xuefen='+xuefen.value+'&zuidarenshu='+zuidarenshu.value+'&shifoukaishe='+shifoukaishe.value+'&ruxuenianfen='+ruxuenianfen.value+'&CourseID='+id+'&dept_sel='+dept_sel_nianji.value;
    }
    else if(buttontype=='delete')
    {
```

```
top.iframe_main.location.href='course.asp?doit=delete&id='+id;
}
else if(buttontype=='add')
{
formadd.submit();
}
  }
function ddd(obj,sType)
{ var oDiv = document.getElementById(obj);
   if(sType=='show')
      {
       oDiv.style.display ='block';              }
   if(sType == 'hide')
       oDiv.style.display = 'none';
}
</script>
```

（2）学生选课模块。在学生进入选课系统以后，系统会根据所在时间段自动规范选课范围和门数，学员可以退选或改选。退选与改选并没有次数要求，但有开放选课时间段限制。

学生通过自己的账号和密码登录系统，账号为学号，默认密码是学号。登录后，根据自己的兴趣进入选课页面选课。如果有过选课历史记录的同学，首先要对已修过课程进行评课才可以选课操作；如果是没有选课记录的同学可以直接进行选课操作，不必评课。学生选课流程框图如图 5-13 所示。

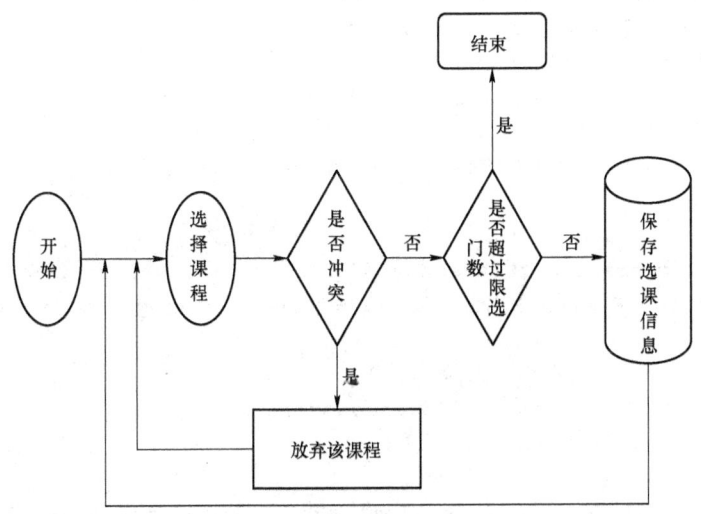

图 5-13 学生选课流程框图

根据图 5-13 可以发现，一名学生要完成一次成功的选课，需要经过系统的两次逻辑判断。首先是上课时间的判定，系统为防止上课冲突，不允许学生选择同一时间上课的课程和相同的课程。然后再判断课程数量，首先看是否选择限制选课门数，若限制选课门数，系统会向下判断该名学生在同一学期里的选报课程数。如果选课总数已经超过两门公共选修课程和一门专业选修课，则系统会提示"本学期只允许选择2门公共选修课程和1门专业选修课程"。成功完成一次选课操作后，如果想知道自己已选的课程，可以到课程查询里进行查询。如果选课有误可先退出已选课程，再重新进行选课。在学生整个选课过程中，系统会不断根据上面叙述的流程来进行逻辑判断，以确保在按照学校资源情况下让学生选课。此部分具体实现的代码如下：

```
function SelectLeastOne(id)
{ var objName= document.getElementsByName("Couselect");
 var numgongong=0;
 var numzhuanye=0;
 var Coutime= document.getElementById('Coutime'+id);
 var xingqi= document.getElementById('xingqi'+id);
 var kechengmingcheng=document.getElementById('kechengmingcheng'+id);
 var shengyuziyuan=document.getElementById('shengyuziyuan'+id);
 var CourseCateName=document.getElementsByName('CourseCateName');
//课程类型
  if (shengyuziyuan.value>0)
  {
 if(document.getElementById('Couselect'+id).checked)
 {for (i=0;i<objName.length;i++)
    {if(objName[i].checked)
       {if(CourseCateName[i].value==' 公 共 选 修 ')  numgongong=numgongong+1;
          if(CourseCateName[i].value==' 专 业 选 修 ')  numzhuanye=numzhuanye+1;
          j=i+1;
     if((document.getElementById('Coutime'+j).value==Coutime.value)&&(document.getElementById('xingqi'+j).value==xingqi.value)&&(j!=id)
)
          { alert("上课时间冲突！");
            objName[id-1].checked=false;
            return;
          }
          if((document.getElementById('kechengmingcheng'+j).value==kechengmingcheng.value)&&(j!=id))
            { alert("不能选择同一门课程！");
              objName[id-1].checked=false;
```

 **成果五 基于 B/S 模式在线选课系统设计与实现**

```
            }
        if(parseInt(numgongong)>2)
         { //alert(numgongong);
           alert("只能选两门公共选修课！");
           objName[id-1].checked=false;
           return;
         }
        if(parseInt(numzhuanye)>1)
         { //alert(numzhuanye);
           alert("只能选一门专业选修课！");
           objName[id-1].checked=false;
           return;
         }
      }
    }
  }
}
else
 {
    alert("该门课程剩余资源为 0");
    objName[id-1].checked=false;
  }
}
```

由于选课人数众多，所以以上模块是按时间开放的，开放时间过后，会关闭选课功能以防止学生重复登录，系统选课重新开始。如果学生选课中出现严重错误，可以上报教务处，由教务处通过管理员修改选课信息。这样做就防止了重复修改为教学管理带来的不便。

（3）教师模块。教师模块并不像学生模块一样有开放时间限制，在学期开始到学期末，教师可以在任何时间访问模块，以方便教师随时管理课程信息与学生信息。学期末教师通过系统录入学生该课程的成绩。在教师录入成绩模块用到网页无刷新的 AJAX 技术。教师录入成绩模块的主要脚本代码如下：

```
<script type="text/javascript">
function loadXMLDoc(sno_cno,id)
{
    var grade=document.getElementById('grade'+id);
    grade.disabled="true";
    $(function()
    {
        //alert($('#grade'+id).val());
        encodeURI
```

```
            $.post("chengjiwrite.asp",{"action":"add","sno_cno":
sno_cno,"grade":$('#grade'+id).val()},function(data,status){
            if(status=="success")
            {
                alert("成绩录入成功!");

                }
            })
        )
        });

        }
        </script>
```

利用 AJAX 技术调用上述脚本实现无刷新代码如下：

```
<td width="" height=24 bgcolor='#e0fefe'>
<select name="grade" id="grade<%=xkid%>" <%=dis_state%> onchange=
"loadXMLDoc('<%=xkid&"||"&rs("Sno")&"||"&rs("CouID")%>','<%=xkid%>')
">
    <option value="0">--</option>
    <option value="1" <%=seledyou%>>优</option>
    <option value="2" <%=seledliang%>>良</option>
    <option value="3" <%=seledjg%>>及格</option>
    <option value="4" <%=seledbjg%>>不及格</option>
</select>
</td>

<%
action=Request.Form("action")
if action="add" then
    xkid_Sno_CouID=Trim(request("sno_cno")) 'xkid||Sno||CouID
    xsc=Split(xkid_Sno_CouID,"||")
    grade=Trim(request("grade"))
    sqlupdate="update Xuanke set Grade='"&grade&"' where CouID=
'"&xsc(2)&"' and Sno='"&xsc(1)&"' and delbiaoshi=0"
    con.execute sqlupdate
    'Response.write sqlupdate

    'sqlstr="select * from Xuanke where CouID="&xsc(2)&" and Sno=
'"&xsc(1)&"'"
    'rs.open sqlstr,con,1,3
    'rs.addnew
    'rs("Grade")=grade
    'rs.update
```

```
    'rs.close
Response.write sqlupdate&":"&xsc(0)&":"&grade
end if
%>
```

3. 运行环境搭建

（1）服务器端。

服务器操作系统：Windows Server 2005。

Web 服务器：IIS 6.0 以上。

数据库系统：SQL Server 2005。

（2）客户端。

浏览器：IE 7.0 以上，360 浏览器。

4. 系统功能预览

1）用户登录

本系统对于用户登录有严格的限制,用户必须根据自己的账号种类登录系统。账号种类是教师、学生和管理员。

输入网址进入登录界面，然后输入用户名及密码登录主页面。这时系统会向服务器提交一个 ASP 文件，服务器端接受处理。如果用户名未在数据库中，那么检索到的记录集就是空，系统会提示出现错误，不允许登录；如果记录集不为空，那么就会进入相应权限用户界面,同时将该登录用户的各项信息用 session 对象保存起来。

发生错误时会出现图 5-14 所示界面。

2）管理员添加用户

在教学活动中管理员经常要遇到添加新用户的情况，一旦遇到这种情况，管理员首先需要进入教师管理页面或者学生管理页面,然后单击添加教师或学生按钮，如图 5-18 所示。当有学生或者教师需要重新设置用户名称密码时,可将学生的初始密码设置成学生的学号，教师的密码设置成教师的工号，如图 5-15 所示。

图 5-14　登录失败

图 5-15　添加用户界面

3）管理员编辑、删除用户信息

有时教师或学生信息在录入时会有错误，这就需要管理员修改错误的信息。那么管理员只需要先进入教师管理/学生管理界面，再找到需要修改的学生或教师名字，然后通过编辑、保存和删除进行编辑，如图 5-16 所示。

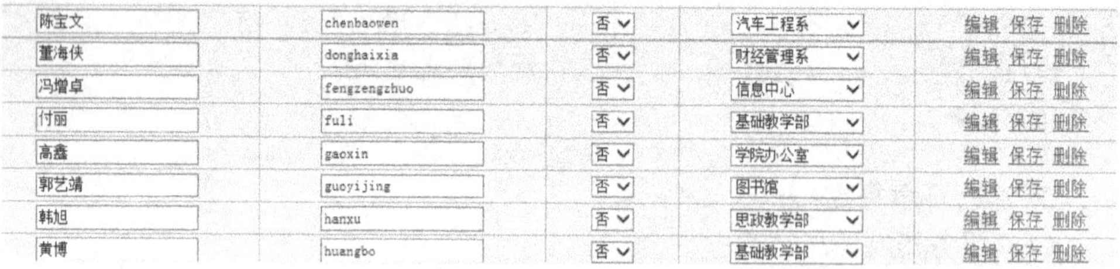

陈宝文	chenbaowen	否 ▽	汽车工程系 ▽	编辑 保存 删除
董海侠	donghaixia	否 ▽	财经管理系 ▽	编辑 保存 删除
冯增卓	fengzengzhuo	否 ▽	信息中心 ▽	编辑 保存 删除
付丽	fuli	否 ▽	基础教学部 ▽	编辑 保存 删除
高鑫	gaoxin	否 ▽	学院办公室 ▽	编辑 保存 删除
郭艺靖	guoyijing	否 ▽	图书馆 ▽	编辑 保存 删除
韩旭	hanxu	否 ▽	思政教学部 ▽	编辑 保存 删除
黄博	huangbo	否 ▽	基础教学部 ▽	编辑 保存 删除

图 5-16 管理员修改、删除用户信息界面

当使用管理员身份登录进入编辑界面后，当单击"删除"按钮后，系统会自动执行"Delete Command"命令，将该用户从数据库中删除。

4）管理员课程管理

每学期开设的公共课并不一定完全相同，所以经常需要管理员修改课程信息。这需要管理员先进入课程管理界面，在这里可以浏览所有课程，其中也包括未开设的课程。如果课程已经满足要求，那么就无须修改直接进行排课处理。如果课程不符合开课要求，就删除课程。管理员具体的添加、修改课程的功能界面如图 5-17 所示。

图 5-17 管理员课程管理界面

5）学生选课

学生首先通过用户名和密码登录系统，这时浏览器会自动转入学生选课首页，系统会从 session 中存储的系别里过滤出数据库中数据，将可选的课程列出给该学生填报，同时还会列出其他选课信息，如授课教师、课程介绍、上课时间和地点等，方便学生选课。学生通过复选框选择喜欢的课程，然后提交。如果发生非法操作，则系统会报错。主要有以下几个方面。

（1）如果课程与课程之间发生上课时间冲突，则系统提示"上课时间冲突"。

（2）如果发生地点冲突，则系统会提示"上课地点冲突"。

（3）软件限制了选课门数，但又超出了选课门数时，则系统会提示"本学期限制选课门数，只允许选择两门公共选修课和 1 门专业选修课"，如图 5-18 所示。

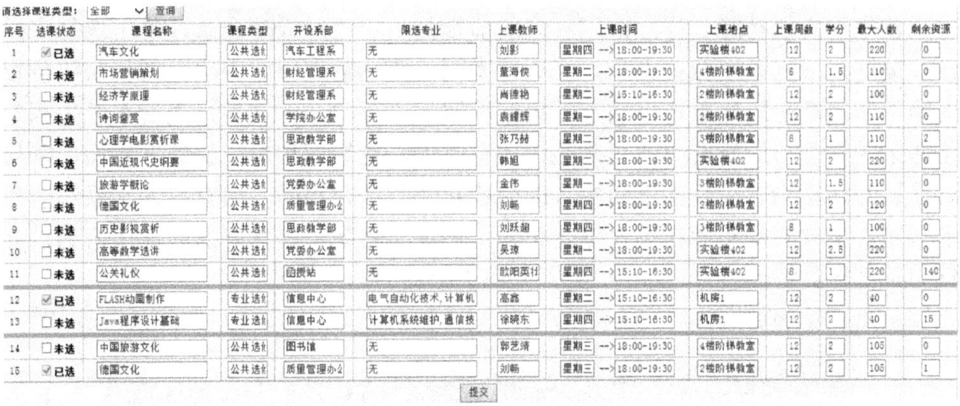

成果五 基于 B/S 模式在线选课系统设计与实现

图 5-18　学生选课界面

6）教师成绩管理

教师通过教师身份登录以后，系统会检索出数据表 teacher，将符合该条件的信息返回。由 session 对象获取查询所需要的参数，此参数就是该教师在这个学期所任课程的信息。

学期结束以后，教师要按照课程的编号找出所教学生，添加成绩或查询，这个过程如图 5-19 所示。

图 5-19　教师添加成绩界面

7）用户密码修改

系统为所有用户（其中包括管理员、教师和学生）都提供了修改用户密码这项功能。在任何需要用户登录的系统中，这项功能都是必不可少的。在本系统中由于教师和学生的用户默认密码都是由系统自动生成，所以为了防止账号被其他人盗用，需要各类用户重新修改自己的默认密码，而管理员也会遇到需要修改自己密码的时候，所以这项功能的主要目的就是帮助用户修改密码，以确保用户权限的安全。

首先与其他功能一样，密码管理的前提是用户已经成功登录，单击选择密码修改按键，根据系统相关提示，在原始密码位置上输入原始密码，在新密码位置上输入两次新密码，单击"确定"按钮以转入执行的.asp 文件，之后系统先判定传递来的学号与原始密码的正确性，如有错误，将转到相对应的处理界面，账号与默认密码正确，将判断下面输入的两行新密码是否相同，如有出入，系统会提示出错。如果新密码两次输入完全相同，系统会将新密码代替旧的默认密码，并且同时更新数据库表 Student 中的"密码"字段。

出错及处理如图 5-20 所示。

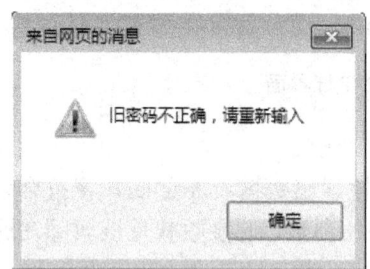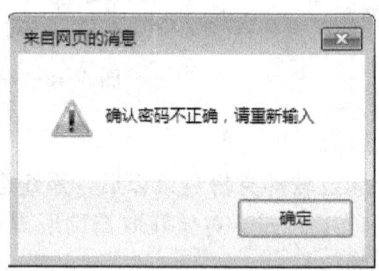

图 5-20　密码修改

（1）原始密码输入错误时，系统提示"旧密码不正确，请重新输入"。
（2）新密码两次输入有出入时，系统提示"确认密码不正确，请重新输入"。

在修改密码过程中，系统首先会将原始密码也就是默认密码与数据库中的原始密码进行核对，然后再核对输入两次的新密码是否一样，这是一般系统中修改密码的基本过程，其目的是保证用户信息的安全和防止发生输入密码失误的情况。此部分具体实现的代码如下：

```
If jiupass<>"" And xinpass<>"" And querenpass<>"" then
    sql="select TeaName,Teapass from Teacher where TeaDenglu='"&Session("username")&"'"
    rs.open sql,con,0,1
    If Not rs.eof Then
        UserPassword=Trim(rs("Teapass"))
        If jiupass=UserPassword Then
            If xinpass<>querenpass Then
                response.write "<script language=javascript charset=utf-8> alert('确认密码不正确,请重新输入');" &_
                                "window.location.href='teacherpass.asp'" &_
                                "</script>"
            Elseif xinpass=querenpass then
                sql="update Teacher set Teapass='"&xinpass&"' where TeaDenglu='"&Session("username")&"'"
                'Response.write sql
```

```
                    'Response.end
                con.execute Sql
                Response.write"<script language='javascript'> alert(""
密码修改成功"");</script>"
                End If
        Else
                response.write            "<script   language=javascript
charset=utf-8> alert('旧密码不正确，请重新输入');" &_
                                        "window.location.href=
'teacherpass.asp'" &_
                                        "</script>"
        End If
    Else
            response.write   "<script language=javascript charset=utf-8>
alert('请重新登录选课系统！');" &_
"window.location.href='teacherpass.asp'" &_
                                        "</script>"

    End If
    rs.close
  Else
            response.write   "<script language=javascript charset=
utf-8> alert('密码不能为空！');" &_
                                        "window.location.href=
'teacherpass.asp'" &_
                                        "</script>"
End if}
```

8）查询功能

用户可针对模块进行查询操作（图 5-21），并可以按字段统计出查询结果。

图 5-21 查询界面

选课系统查询功能可以按照系别、入学年份、开设课程等字段进行查询。下面是查询功能 ASP 页面下的 SQL 代码：

```
sql="select
Sno,a.Sname,a.SdeptName,a.SMajor,a.Sclass,b.CouName,c.CouXingqi,c.Co
uTime,c.CouDidian,b.Grade,c.Credit from (Student a inner join XuanKe b
on a.Sno=b.Sno) inner join Course c on b.CouID=c.CourseID where
a.ruxuenianfen='"&nianji&"' and delbiaoshi=0 and b.dqxq='"&KSXQ&"'"
```

```
    If CCN<>"" And CCN<>"all" Then sql=sql&" and c.CouCateName='"&CCN&"'"
    If Course<>"" And Course<>"all" Then sql=sql&" and b.CouName='"&Course&"'"
    If suozaixi<>"" And suozaixi<>"all" Then sql=sql&" and a.SdeptName='"&suozaixi&"'"
    If suozaimajor<>"" And suozaimajor<>"all" Then sql=sql&" and a.Smajor='"&suozaimajor&"'"
    If xingqiji<>"" And xingqiji<>"all" Then sql=sql&" and c.CouXingqi='"&xingqiji&"'"
    If shangkeTime<>"" And shangkeTime<>"all" Then sql=sql&" and c.CouTime='"&shangkeTime&"'"
    sql=sql&" order by a.sno"
```

五、系统测试

1. 系统测试简介

在系统编制完成以后都会进行系统测试工作，其目的是通过使用规范的检查方法来检查是否达到之前的预期效果。一般系统对不同时间段的检测都有不同的测试类型，如代码检测、元件测试、对接测试、系统测试、性能测试等，下面将介绍这几种测试类型。

（1）代码检测。代码编写好后，并不着急运行源代码，而是通过浏览源代码的方法找出代码存在的问题。检测代码的方法主要是先看代码编写是否规范，这种检测编码规范的工作可以通过一些工具完成，比如 Check Style 就可以检测 Java 代码是否符合 Sun 的代码规范。当然一些有经验的程序员，也可以直接找出代码中的问题进行修正，这也是一种很好的办法。

（2）元件测试。元件测试是一种专门指针对"类"的 API 测试，利用独立类编写的测试代码来检查有没有达到当初预期的设计。也可以通过一些工具来实现，如 JUnit，它可以将其与 Eclipse 集成起来使用。

（3）对接测试。主要检查系统和一些不同的组件之间对接问题是否良好、各系统之间能否完成协同工作。由于设计时有层次的关系，所以测试时也分层次。

（4）系统测试。检测整个系统的功能是否达到制定的标准、运行是否良好。通过使用得到系统的有效性和使用性的反馈，根据反馈继续完善系统功能。一般会根据系统功能提出测试预案。

（5）性能测试。主要针对系统效率测试和对硬件的要求测试，如数据加载速度、内存压力条件、连接网络的反应时间、系统整体性能等。性能测试是属于非功能性测试，还有其他一些非功能性需求也要进行一定的测试。

2. 测试方法和测试案例

（1）白盒测试（White–box testing 或 Glass–box testing）指的是通过程序的源代码进行测试而不针对用户界面。就像检查一部多年不用的机器，可以把它拆开

 基于 B/S 模式在线选课系统设计与实现

检查每个零件,也可以运行机器查看机器生产情况,如果产品没有问题,也可以判定这台机器没有问题,能继续运转。白盒测试就类似于前者,这种类型的测试是从代码语法检查系统的运行情况,如算法、溢出、条件等方面检查问题、解决问题。

(2)黑盒测试(Black-box testing)主要是按照系统需求或根据规格说明书 SRS 进行测试。它将系统看作一个整体,并不关心系统内部的结构或代码,只根据测试用例的输入和实际输出得到的结果来判定与当初预期结果符合的情况,就是测试软件是否达到预期标准,满足了用户的需求。就像之前讲的例子,只要机器能生产完好的产品,那么对于黑盒测试来说就是合格的。

本系统先是进行了白盒测试,将代码中找到的问题一一改正,使代码的准确性大大提高。然后又进行了黑盒测试,因为黑盒测试的特殊性,测试的用例有很多个,这里就不一一列出了,只列出用户名和密码修改的黑盒测试情况。测试用户密码修改功能时,首先测试正确修改密码后再测试修改后状况,然后测试密码修改错误系统返回状况,其中要测试不填写密码直接按回车键、输入不同的密码、旧密码错误输入。用户修改密码测试的用例如表 5-16 所示。

表 5-16 用户修改密码测试用例表

用例名称	用户修改密码测试用例
用例 ID	Test-001
基本描述	用户输入旧密码、新密码,验证、修改成功后更新数据库中记录
测试方法	测试正确输入、密码框输入为空、旧密码框输入与系统记录密码不相同、两次新密码输入不一致等情况
验入数据	(1)输入正确数据; (2)没有输入新旧密码; (3)旧密码框输入与系统记录密码不相同,箱入为 1 000,记录为 10 000; (4)两次新密码不一致
预期结果	第一组测试正确执行,用户修改密码成功; 第二组测试系统提示输入完整信息; 第三组测试系统提示输入的旧密码错误; 第四组测试系统提示新密码两次输入不一致

3. 测试结果

测试后主要发现以下几个问题。

(1)当发布新信息或修改信息时,有时客户端不能立即响应,查明原因后是因为系统页面采用的是依靠时间的缓存技术,无外界干预下只会根据规定时间段进行刷新,所以用户端页面不会实时更新信息。根据发现问题,已选把页面缓存改成 SQL 依赖缓存技术,之后问题得到解决。

（2）在制作登录界面时，发现登录按钮有时会发生无法单击或单击位置不准的错误。经过查找原因后发现，是因为最新版的 Photoshop 在使用切片工具时与系统发生不兼容，解决办法就是镂空登录按钮，改为在系统中制作。

（3）在测试学生模块时，发现登录用户名和密码没有设置长度限制提醒，导致用户修改密码过长时没有错误提示又无法完成修改。针对这个问题又衍生出很好的建议，如弹出首字母不能为"_"等提示。

（4）由于学生人数过多，在多名学生同时进入系统选课时会发生数据并行，导致服务器运行缓慢，还有就是选课人数大于教师人数上限。发现问题后想通过数据岛技术解决问题，但是太过复杂。最后解决办法是将教室上限人数少写 10 人，如教室有 240 个座位，而系统上限人数只写 230，这样就在最简单的修改后最大限度解决了问题。

（5）在测试系统选课功能时，发现一次成功选课后会影响后续选课条件，但是有时学生会进行重复选课导致后续选课条件发生变化，这样既浪费资源又容易造成混乱，最终决定选课页面只允许提交一次，这样就杜绝了问题。

在黑盒测试过程中也发现了很多问题，比如参数传递出错与变量控制失效等。他们的解决办法是在系统开发过程中，通过测试结果及时得到了修改。

成果六 辽宁工程职业学院科研管理系统

完成单位：辽宁工程职业学院

完成人：许 悦、李图江、董 航、池宗谕

一、项目背景

在向科研管理人员了解我院科研管理状况及迫切需求之后，综合分析了系统所须功能、我院目前的硬件设备性能和开发人员所掌握的技术，利用 Visual Studio 2010、C#语言和 SQL Server 2005 软件开发具有 B/S 架构的科研管理网络平台是非常切实可行的。根据软件工程的理论，一个软件系统，如果只是单纯的庞大复杂，即使功能再全也不一定是最好的，因为华而不实的功能会增加开发周期和难度，增加系统应用复杂度，增加维护成本，同时系统越复杂，安全系数相对就越低，因此在开发本系统时所遵循的一个原则就是适合实际需求就是最佳的。

通过前期调查研究，拟定了开发目标和计划，与科研处协商后进行了修改，最终确定了切合实际需要的功能。其中根据实际情况，由于学校需要根据科研工作量进行奖惩，所以对科研成果的审核比较严格，而院系没有专门的科研干事，对科研工作的诸多概念和政策不了解，往往会造成误解和误会；另外校领导更愿意科研处领导当面汇报统计报表等数据，因为当面汇报便于交流，便于解决问题，他们没有必要也没有精力介入到实际的科研管理系统的管理与操作中来。因此，在用户设置上系统设置 3 个角色：一个为教师角色，面向全体教职工，由教师登录系统后自助录入个人科研信息并进行查询、浏览、排序和修改等；一个为审核员角色，由科研处领导担任，在线查询、排序、审阅后给出审核通过与否及签发意见等；一个为管理员角色，可视化地对系统数据进行维护。

系统将减少科研处在科研信息管理工作中的工作量，总体开发目标是依据"适用、够用、实用、好用"的原则，综合考虑开发力量、开发难度及实际需求的因素，功能开发应侧重于科研信息的分类管理，科研信息录入、教师检索、浏览、排序、修改、审核及反馈等。

二、性能分析

辽宁工程职业学院科研管理系统作为一个小型的数据库管理系统，其性能需求相对较低，本系统应达到以下性能目标。

1. 主要功能

"辽宁工程职业学院科研管理系统"网络平台功能模块包括登录模块、教师模块、审核人模块和管理员模块。各模块具体实现功能如下。

（1）登录模块。为了提高系统安全性，不同的用户（教师、审核人员、系统管理员）有不同的权限，可以登录不同的页面执行操作。当用户名或密码输入错误时，系统将给出相应错误提示并返回登录页面。用户在使用系统之前可以在线浏览登录页面的系统使用说明书。

（2）教师模块。教师模块分为论文、专利、科技奖项、专著、项目申报等成果材料的提交，以及所上传资料内容与其被审核完反馈结果的查询、在线浏览、双向排序、修改操作几个方面。系统会自动为每个用户生成一个以用户名即教工号命名的唯一的文件夹，用以保存用户提交的成果材料文件，提交成果时要经过多种验证通过后方可提交成功，保证了提交信息的安全性和准确性。成果由多人共同完成，由第一负责人提交一次，在没有被审核之前，可以删除重新提交，一旦被审核后该成果信息将不能被修改和删除。该成果的其他参与者自始至终只可以查看成果本身信息和审核信息，无论是否被审核，都没有权限将其删除，也就是说只能看不能删改。教师还可以通过即时修改密码等更新个人基本情况。

（3）审核人模块。审核人模块主要由科研工作负责人执行操作，包括对全院教师提交的所有论文、专利、专著、科技奖项、项目申报、中期、结题等所提交的资料分门别类地予以多种方式的查询汇总、双向排序、在线浏览及审核是否通过，并给出相应的审核意见。下面以科研立项中期材料审核为例加以介绍。首先，通过多种方式查询、浏览到需要审核的项目。接下来分别进行审核，当选择完某个项目后，与该项目相关的所有材料将分类显示在页面上。分别单击各个材料文件链接查看具体内容，对该材料作出审核是否通过的决定。最后对项目本身给出审核通过与否的结果，并签发审核意见。审核人还可以通过即时修改密码等更新个人基本情况。

（4）管理员模块。系统管理员主要负责用户权限、密码、系部信息以及科研成果项目的增加、修改、删除、双向排序、查询，数据库的维护等工作。

本管理系统力求实现节约资源、共享数据、实时方便高效地处理繁杂科研数据的功能，为领导管理和决策提供有效的参考依据。

2. 性能要求

（1）界面友好、操作简单、设置合理、方便快捷、规范有序。

（2）在性能指标上可支持的最大用户数为 3 000，可支持的最大并发用户数为 3 000，系统本身对吞吐量及响应速度无限制。

（3）采用数据库技术，用户数据的安全性和准确性应完全保证。

（4）初期数据库较小，数据量相对较少，在数据传输时间和系统运行时间上应表现迅速；同时随着数据库日渐庞大，系统应能保证以上指标。

（5）在可维护性方面，故障处理、数据备份及恢复均由系统开发人员处理。

三、总体设计

在对系统进行详细的需求分析后，对系统的总体设计如下，包括系统构成和设计思路。

1. 系统构成

辽宁工程职业学院科研管理系统具有一套集成的开发及运行环境，具有强大的 Web 平台开发能力。如使用统一建模语言（UML）进行系统分析和设计，使用 Visual Studio 2010 设计前台界面，以 ASP.Net 为开发平台，使用 C#作为开发语言，使用 SQL Server 2005 作为后台数据库系统，系统平台运行在 Windows Server 2003 操作系统下的一台服务器中。

辽宁工程职业学院科研管理系统在总体架构上采用了基于 ADO.Net 的架构，如图 6-1 所示。

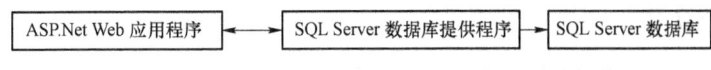

图 6-1 辽宁工程职业学院科研信息管理系统架构

系统平台包括界面美工设计、功能模块设计、数据库设计三部分。根据系统需求分析的结果，可以确定辽宁工程职业学院科研管理系统所应具备的主要功能，并绘制系统功能模块框架，如图 6-2 所示。

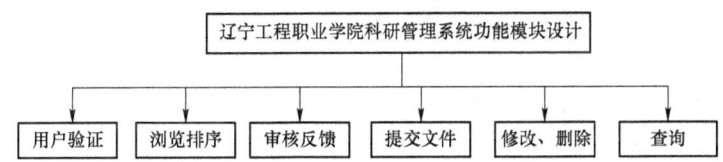

图 6-2 辽宁工程职业学院科研管理系统功能模块框架

（1）实现审核人员及教师登录信息的验证。

（2）实现审核人员对教师科研材料的各类数据进行分类、查询、浏览及排序。

（3）实现审核人员对教师科研材料的各类数据进行审核与反馈信息的签发。

（4）实现审核人员对数据库数据进行简单的报表汇总。

（5）实现教师对各种科研材料的在线提交。

（6）实现教师对个人所上传的各种科研材料进行修改、查询材料被审核是否通过的反馈信息。

2. 设计思路

辽宁工程职业学院科研管理系统的总体设计是以下面几个原则为依据实施开发的：第一，遵循统一的开发规范，提高代码复用率；第二，在数据库设计上遵循统一的数据标准，充分考虑数据库表的设计，优化字段属性，结构清晰；第三，系统便于维护升级及功能扩展，系统采用成熟技术进行模块化设计，采用有效安全的保障机制，保证运行安全、稳定、可靠。

系统总体设计按照以下几个步骤进行：第一步，进行系统需求分析，在这个阶段建立系统模型；第二步，进行系统设计，根据系统需求分析阶段生成的模型定义软件结构；第三步，系统实现，将软件设计最终转换为现实代码；第四步，系统确认，对软件进行完善；最后，进行系统维护。

在辽宁工程职业学院科研管理系统的分析、设计与开发过程中，采取了以面向对象方法为主，对系统进行定义分析，使用用例图对系统建模；将面向对象分析的结果转化为具体描述；采用面向对象语言进行代码实现。系统使用了统一建模语言（UML）进行系统分析和设计。在分析的基础上建立数据库数据表，搭建前台界面，最后编程实现前台控件与数据库的连接及对数据的处理。

以下为系统详细设计步骤，包括系统类设计、数据库设计、系统界面设计和功能模块设计与实现4个部分。

四、具体设计

1. 系统类设计

本人根据用例分析结果及实际功能需求对辽宁工程职业学院科研管理系统中所需要的类进行了划分设计，各个主要类对应类图如图6-3中各子图所示。

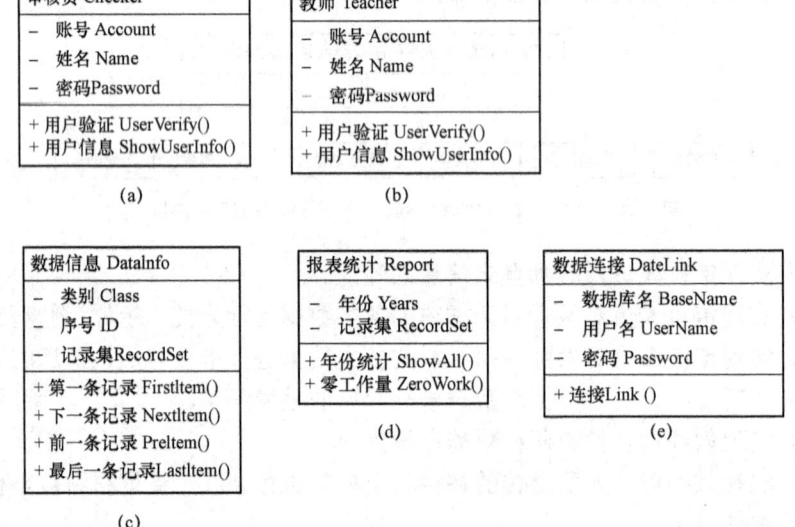

图6-3 系统各主要类类图

（a）审核员类；（b）教师类；（c）数据信息类；（d）报表统计类；（e）数据连接类

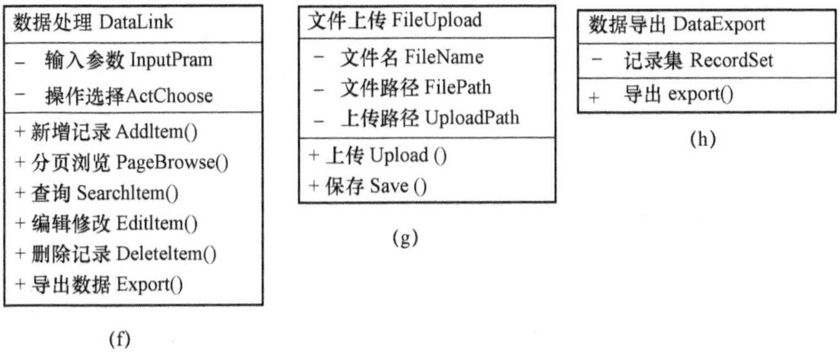

数据处理 DataLink
− 输入参数 InputPram
− 操作选择 ActChoose
+ 新增记录 AddItem()
+ 分页浏览 PageBrowse()
+ 查询 SearchItem()
+ 编辑修改 EditItem()
+ 删除记录 DeleteItem()
+ 导出数据 Export()

(f)

文件上传 FileUpload
− 文件名 FileName
− 文件路径 FilePath
− 上传路径 UploadPath
+ 上传 Upload()
+ 保存 Save()

(g)

数据导出 DataExport
− 记录集 RecordSet
+ 导出 export()

(h)

图 6-3　系统各主要类类图（续）
（f）数据处理类；（g）文件上传类；（h）数据导出类

系统类图描述了系统中各个类的静态结构和类间关系，是对静态模型的进一步细化，从静态模型得到设计类图的建模流程是首先通过分析归纳出系统中所需要的类并为类绘制类图，在此基础上，针对每个类依次添加相应类的方法、类型信息、关联和导航以及依赖关系。

辽宁工程职业学院科研管理系统中的主要类有审核员类、教师类、数据连接类、数据处理类、数据信息类、文件上传类、数据导出类、报表统计类。审核员类和教师类用于用户验证和页面权限，包括用户验证、用户信息方法；数据连接类用来连接 SQL Server 数据库，方法是对数据库的连接；数据处理类依赖数据连接类对数据库中的科研信息进行操作，包括新增记录、分页浏览、查询、编辑修改、删除记录、导出数据等主要方法；数据信息类依赖数据处理类从数据库中的科研信息中提取符合需要的数据集，包括第一条记录、下一条记录，上一条记录及最后一条记录等主要方法；文件上传类依赖数据处理类和数据连接类将相关科研信息文件上传至服务器，主要方法有上传和保存；数据导出类用于将由数据处理类或数据信息类生成的记录集导出到外部 .xls 文件中，主要方法是导出；报表统计类依赖数据处理类对数据库中的科研信息进行简单的统计分析。辽宁工程职业学院科研管理系统中主要类的类间关系如图 6-4 所示。

上述数据信息类、数据连接类、数据处理类、文件上传类、数据导出类的主要方法在辽宁工程职业学院科研管理系统各系统模块的实例中均实现了复用。

2. 数据库设计

本人分析并绘制了辽宁工程职业学院科研管理系统中各主要对象的实体 E-R 图，如图 6-5 中各子图所示。

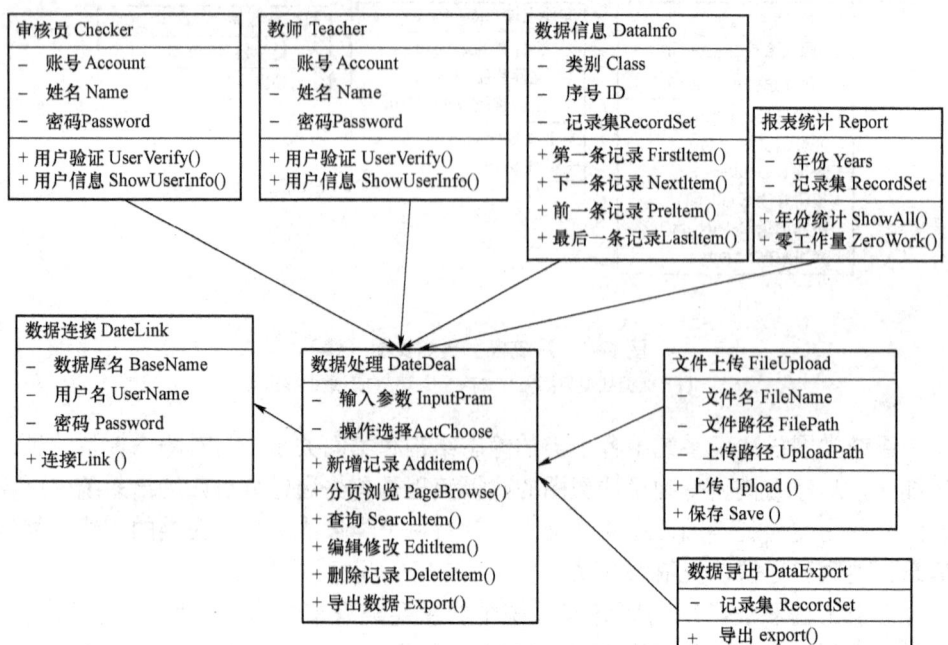

图 6-4 主要类的类间关系

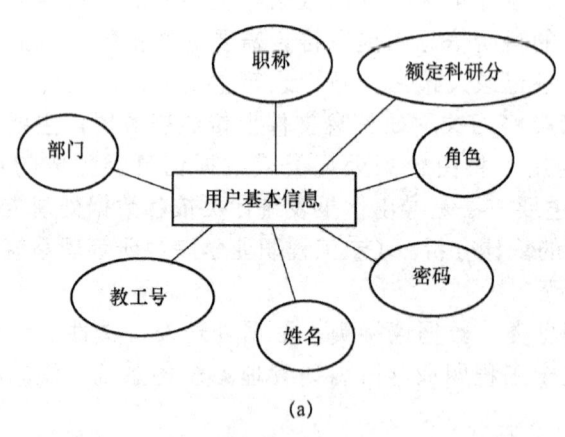

(a)

图 6-5 E-R 图
(a) 用户基本信息 E-R 图

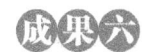

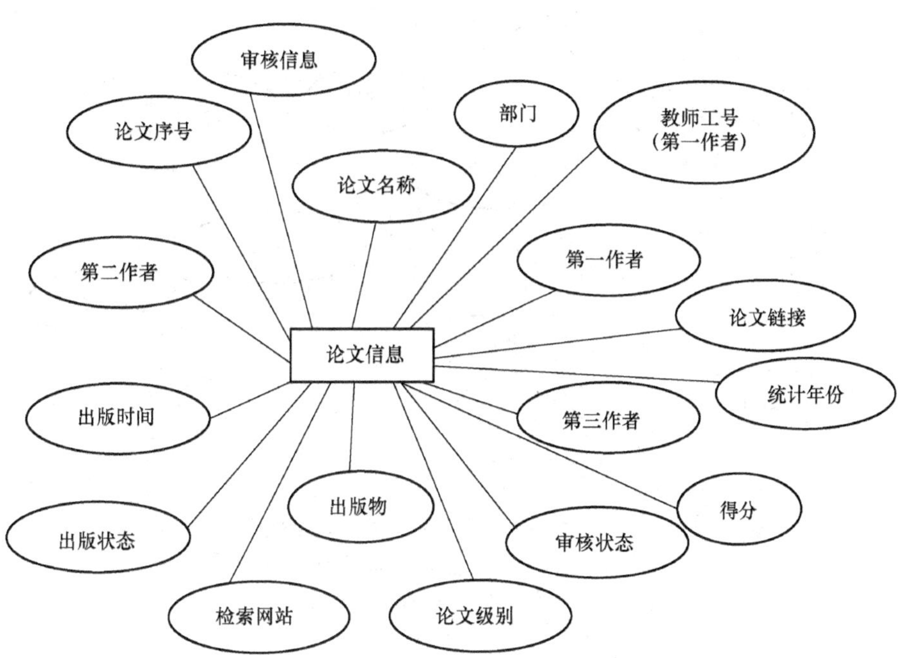

(b)

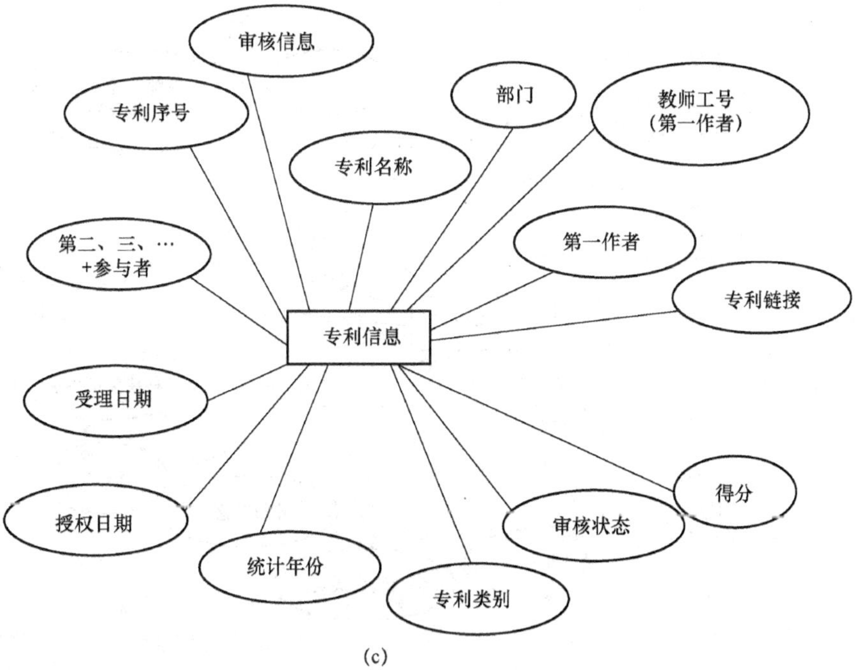

(c)

图 6–5 E–R 图（续）

（b）论文信息 E–R 图；（c）专利信息 E–R 图

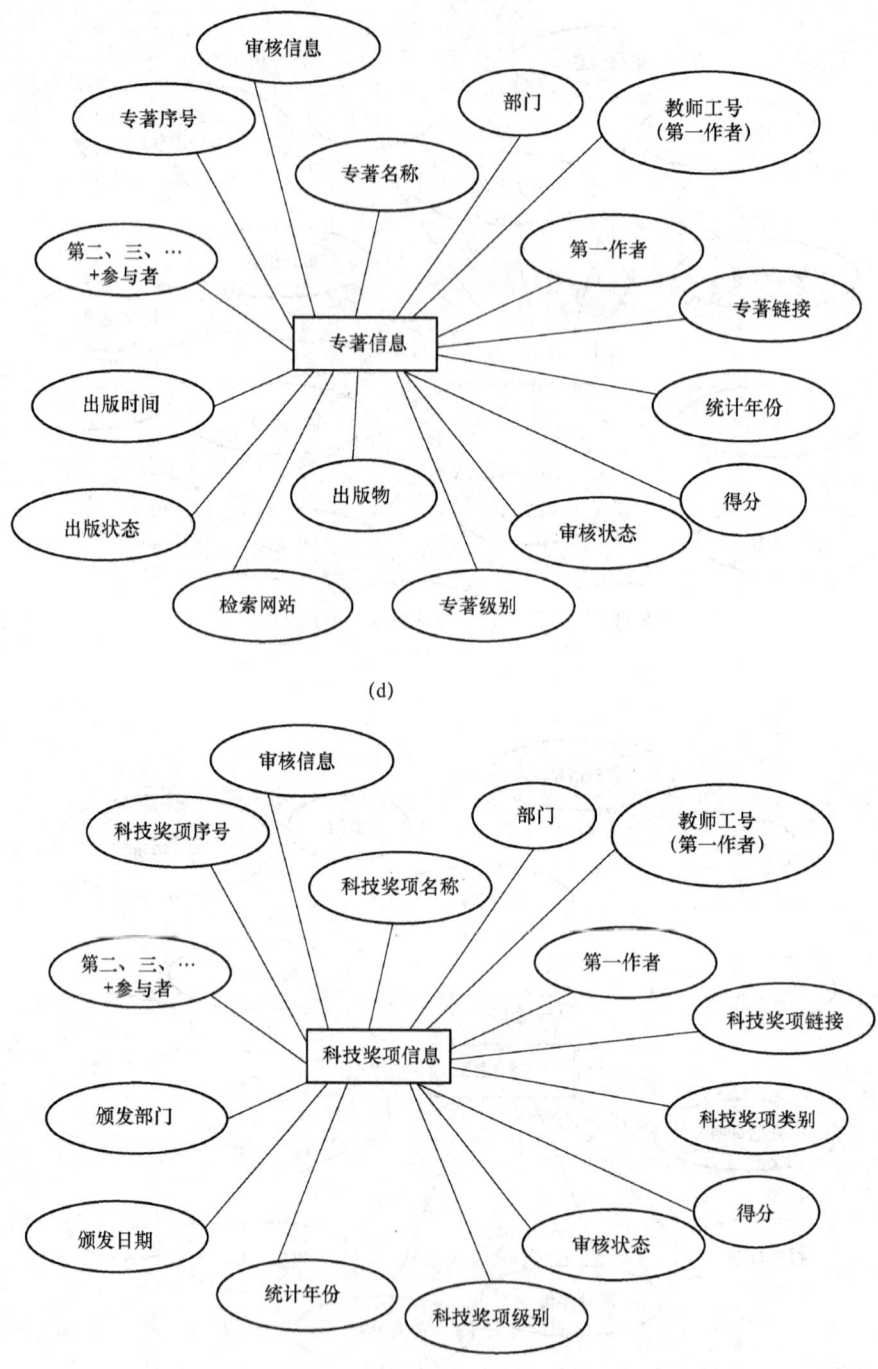

图 6-5 E-R 图（续）

(d) 专著信息 E-R 图；(e) 科技奖项信息 E-R 图

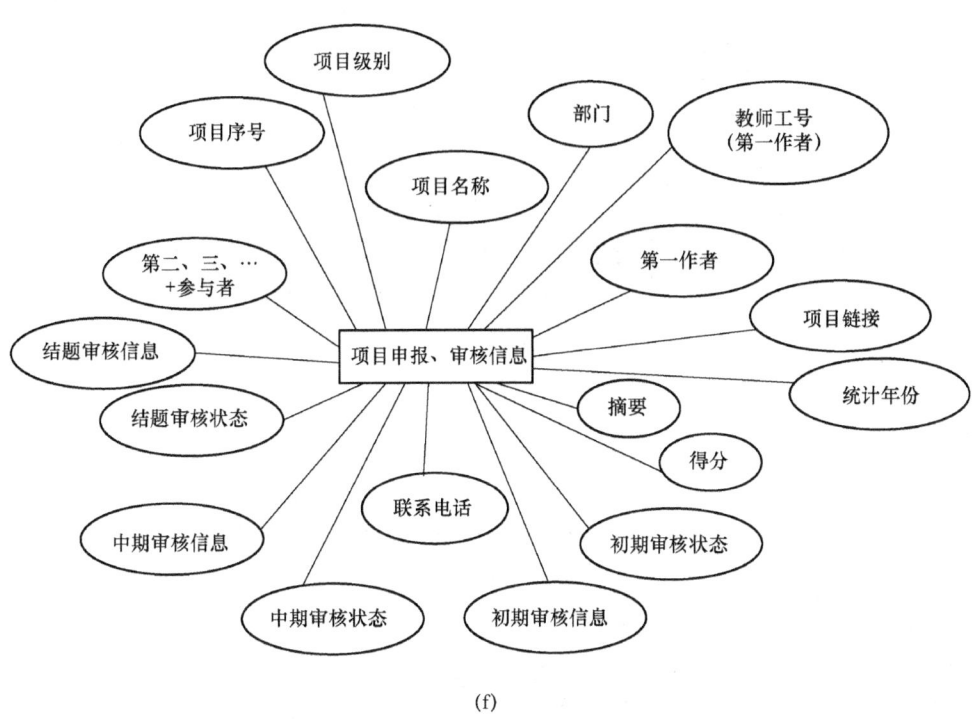

(f)

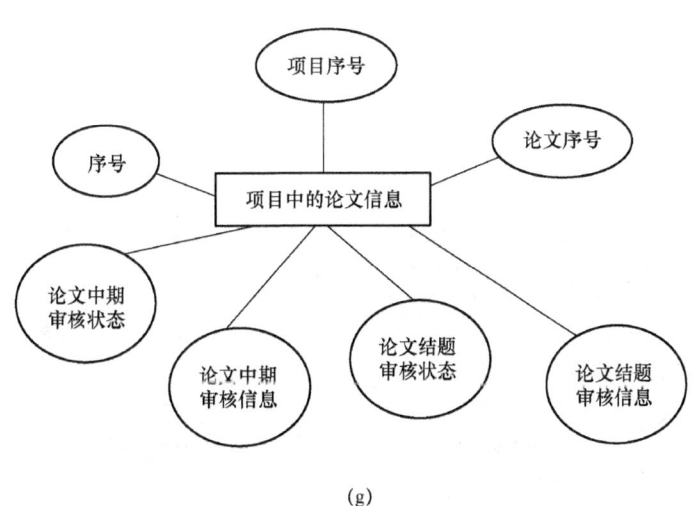

(g)

图 6-5 E-R 图（续）

（f）项目申报、审核信息 E-R 图；（g）项目中的论文信息 E-R 图

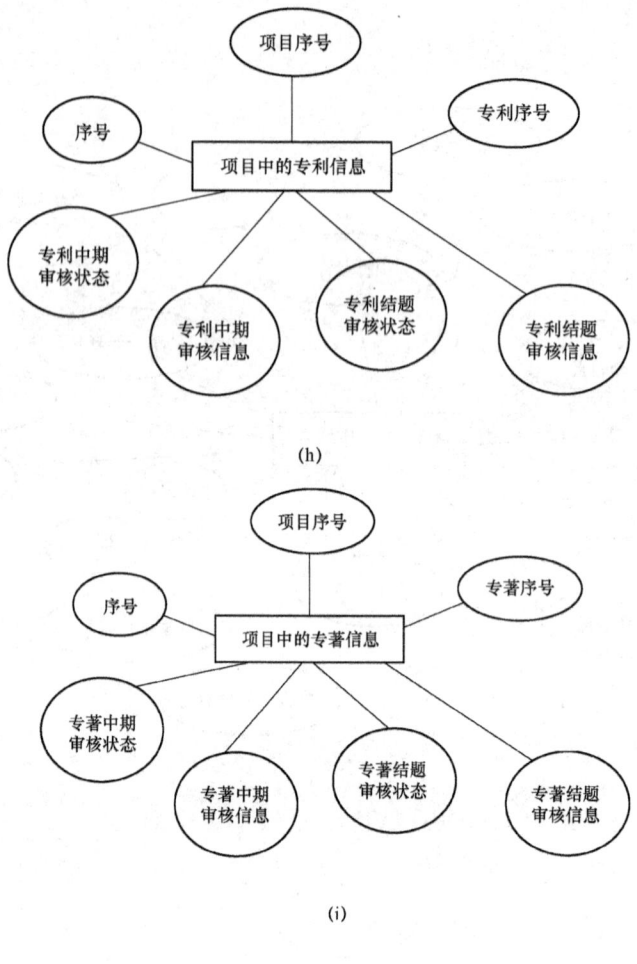

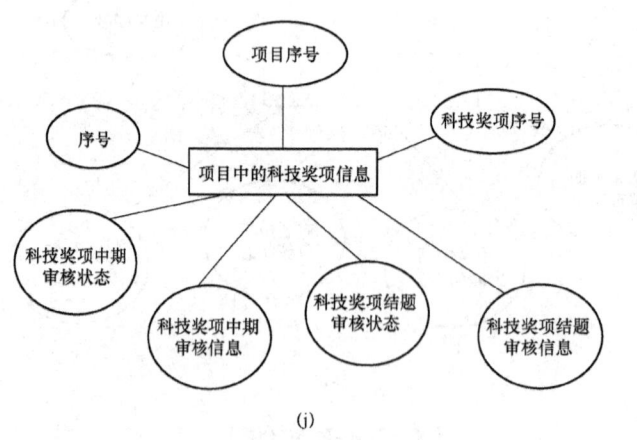

图 6-5 E-R 图（续）

（h）项目中的专利信息 E-R 图；（i）项目中的专著信息 E-R 图；（j）项目中的科技奖项信息 E-R 图

成果六 辽宁工程职业学院科研管理系统

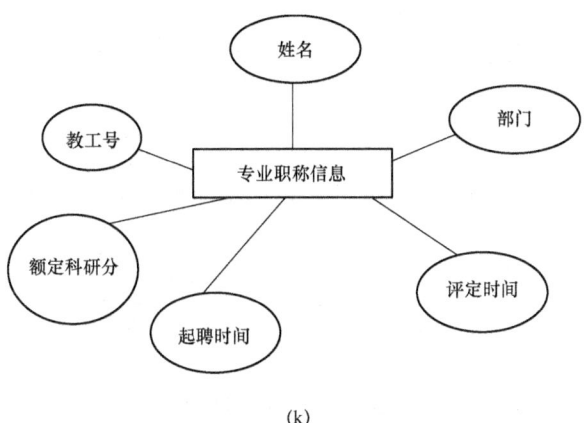

(k)

图 6-5 E-R 图（续）

（k）专业职称信息 E-R 图

可以看到，图 6-5 中的实体包括用户基本信息、论文信息、专利信息、专著信息、科技奖项信息、项目申报审核信息、项目中的论文信息、项目中的专利信息、项目中的专著信息、项目中的科技奖项信息、专业职称信息等，论文、专利、专著、科技奖项实体与项目中的论文、专利、专著、科技奖项实体形成一对多的关联关系等。

3. 系统界面设计

一般认为，在软件系统的界面设计中，一是要注意操作性即易用性，良好的操作性应该保证界面简洁、操作简单、反馈迅速；二是要注意一致性即规范性，规范化程度越高，软件系统的易用性也相应越高；三是要注意合理性，如界面大小合适、内容主次布局合理；四是要注意独特性，细节方面精心设计。辽宁工程职业学院科研管理系统的界面设计基本遵循了上述原则，辽宁工程职业学院科研管理系统的界面结构布局设置如图 6-6～图 6-8 所示。

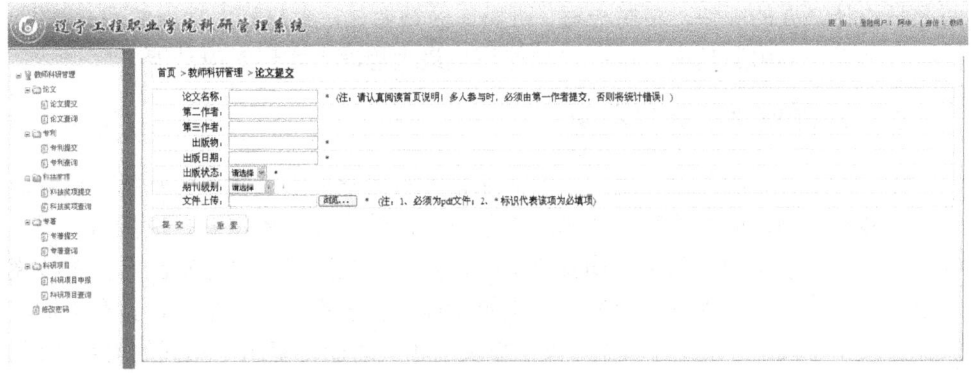

图 6-6 辽宁工程职业学院科研管理系统教师页面

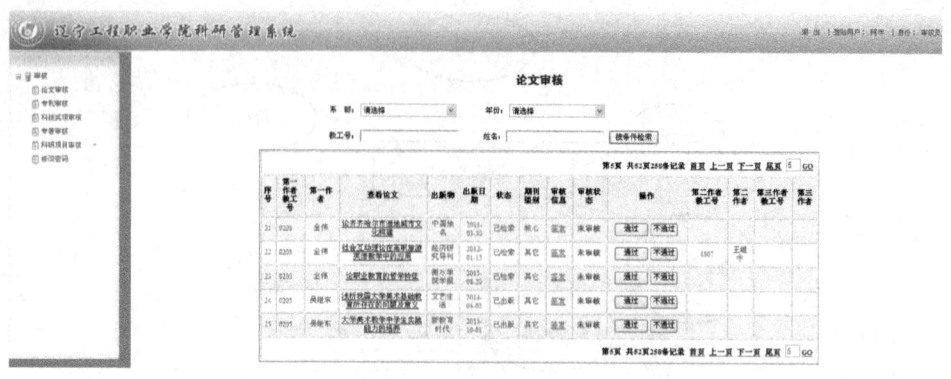

图 6-7　辽宁工程职业学院科研管理系统审核页面

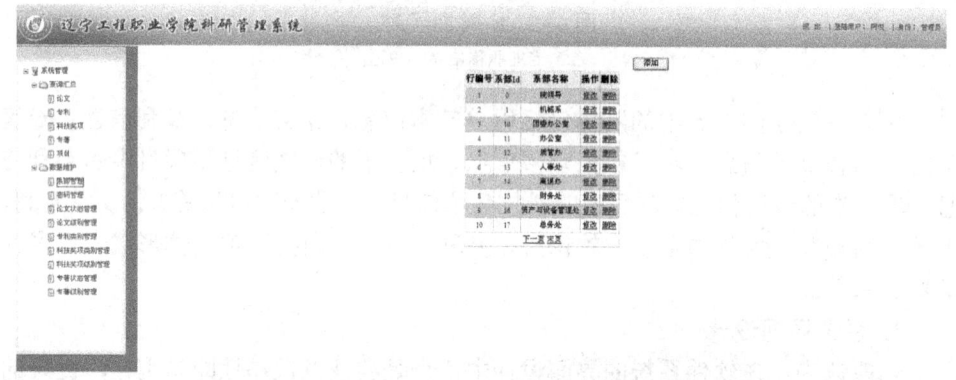

图 6-8　辽宁工程职业学院科研管理系统管理员页面

在图 6-6～图 6-8 中包括辽宁工程职业学院科研管理系统教师页面、审核页面和管理员页面，每个页面中上方为系统的标识；左侧为导航条，单击左侧各个链接可以导航到不同模块；右侧为显示区及操作区。

总的来说，辽宁工程职业学院科研管理系统界面设计的整体原则是在用户界面上只设计必要的版块，布局合理，可操作区域明显，用户界面功能够用、适用，没有额外无用的附属功能，已有的功能模块最大程度上实现对应功能。

五、功能模块设计与实现

为了类及代码的复用，辽宁工程职业学院科研管理系统在不同系统子模块的设计上各有不同，而对于同一子模块内部设计比较类似，操作方式也基本相同。例如，在教师模块的页面中，均具有上传、查询、删除、分页等功能；在审核模块中，均具有查询、审核、签发、分页等功能；在管理员模块中，均具有查询、添加、修改、删除、分页等功能。每个模块的相似功能均复用了相同的类或代码。

1. 用户登录验证

用户登录验证功能模块的作用是在用户输入登录信息时验证其身份是否合

成果六 辽宁工程职业学院科研管理系统

法。在辽宁工程职业学院科研管理系统的登录环节，用户在该系统界面输入用户名、密码后，检查输入的用户名及密码是否与数据库中的用户信息相符，如果不正确则会报错并返回到登录界面，只有当用户名、密码全部正确，系统才会根据用户身份分别跳转到不同页面，整个登录验证流程如图6-9所示。

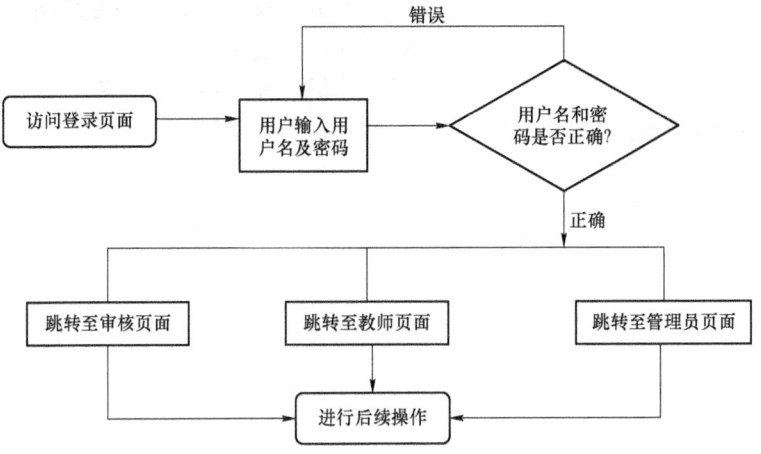

图6-9 用户登录验证功能模块流程框图

用户在浏览器中打开辽宁工程职业学院首页后，找到科研管理系统图标并单击后，将显示图6-10所示登录页面，教师使用个人教师工号进行登录，审核员、管理员使用各自的身份号进行登录，初始密码在首页"使用说明"中，登录用户输入登录信息后提交登录表单数据，如果全部正确，则根据用户身份（审核员、教师、管理员）转向不同的初始页面。

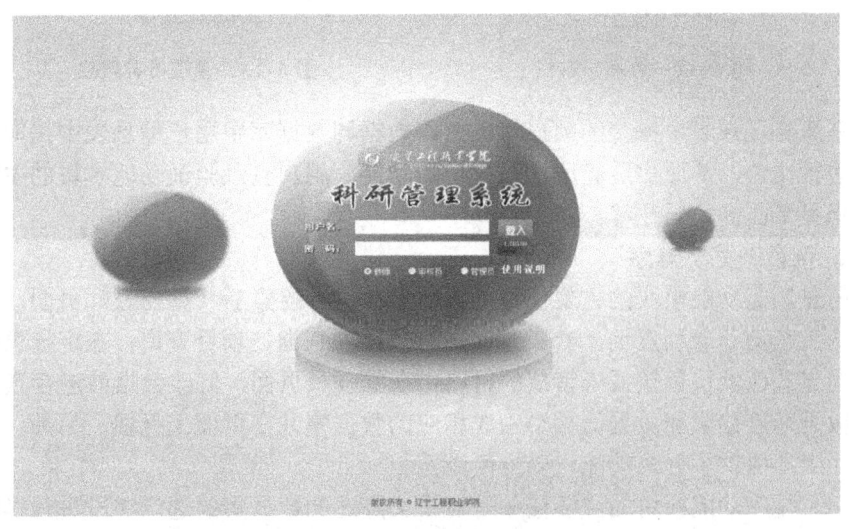

图6-10 用户登录界面

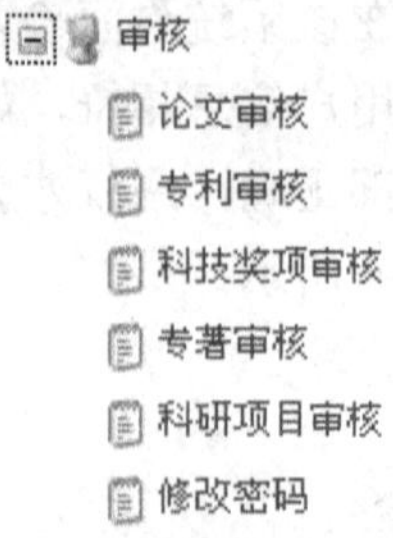

审核员正常登录系统后，将在系统界面的左侧看到图 6-11 所示的下拉式导航栏，审核员用户通过单击不同的导航链接，可以到达对应的功能页面进行下一步操作。

教师正常登录系统后，将看到图 6-12 所示的左侧下拉式导航栏。

管理员正常登录系统后，将看到图 6-13 所示的左侧下拉式导航栏。

图 6-11 审核员导航栏及下拉菜单

图 6-12 教师导航栏

图 6-13 管理员导航栏

系统将登录表单提交的用户名及密码数据同数据库中用户信息表中提取的数据集进行比较，从而实现验证用户身份的功能，用户登录验证功能模块的主要功能代码见下面的代码注释。

2. 信息浏览及排序

信息浏览功能模块的主要任务是按照条件进行检索后（如在教师页面，分别单击论文查询、专利查询、专著查询、科技奖项查询、项目查询；在审核页面，按不同方式检索已审核或未审核的材料；在管理员页面，修改数据前进行查询），调用数据库连接类和数据信息类生成相应的数据集并在页面上呈现。另外，在相应页面上还提供了分页功能，以方便浏览。

信息排序功能模块的主要任务是对上文陈述的数据集的选定字段进行排序，并在页面上呈现，并实现双向排序。信息浏览及排序功能模块流程框图如图 6-14

所示。

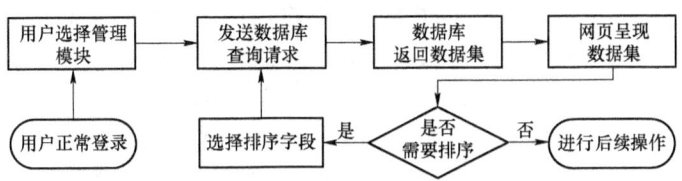

图 6-14　信息浏览及排序功能模块流程框图

以下使用运行截图描述信息浏览及排序功能模块的实现，由于信息浏览及排序功能模块在各系统模块中复用，因此选用教师科研论文管理和审核查询结果的相关内容的信息浏览及排序操作加以说明，其他系统模块中的信息浏览及排序操作与此完全类似，此处不再赘述。

教师正常登录系统后，在左侧导航栏选择"论文"，在子菜单中选择"论文查询"，期刊论文以每页 5 条记录的分页形式展现系统数据库相应表中的论文信息记录，如图 6-15 所示。

序号	论文	出版物	出版日期	状态	检索期刊网	期刊级别	审核状态	审核信息	删除	第二作者Id	第二作者	第三作者Id	第三作者
1	高职微机原理课程应用项目教学法探析	辽宁高职学报	2013-04-29	已检索	知网	其它	未审核	查看	删除				
2	基于.NET高职学院科研管理系统的开发与实现	电子世界	2014-01-03	已检索	知网	其它	未审核	查看	删除	1901	李=江		
3	Flash技术在网站制作中应用的研究探讨	辽宁高职学报	2014-03-12	已检索	知网	其它	未审核	查看	删除				
4	ADO.NET与SQL数据库的连接探讨	硅谷	2015-01-06	已检索	知网	其它	未审核	查看	删除				
5	基于.net的在线考试系统的分析与研究	中国新通信	2015-01-06	已检索	知网	其它	未审核	查看	删除				

图 6-15　教师论文浏览页面

审核员正常登录系统后，在左侧导航栏选择"论文审核"，然后选择"按条件检索"，期刊论文查询页面以每页 5 条记录的分页形式展现系统数据库相应表中的论文信息记录，图 6-16 所示页面展现了查询结果页面。

序号	第一作者教工号	第一作者	查看论文	出版物	出版日期	状态	期刊级别	审核信息	审核状态	操作	第二作者教工号	第二作者	第三作者教工号	第三作者
21	0203	金伟	论齐齐哈尔市湿地城市文化构建	中国地名	2011-03-30	已检索	核心	签发	未审核	通过 不通过				
22	0203	金伟	社会互动理论在高职旅游课程教学中的应用	经济研究导刊	2012-01-15	已检索	其它	签发	未审核	通过 不通过	1807	王继宇		
23	0203	金伟	论职业教育的哲学特征	职业技术学院		已检索	其它	签发	未审核	通过 不通过				
24	0205	吴继东	浅析我国大学美术基础教育所存在的问题及意义	文艺生活	2014-04-02	已出版	其它	签发	未审核	通过 不通过				
25	0205	吴继东	大学美术教学中学生实践能力的培养	新教育时代	2015-10-01	已出版	其它	签发	未审核	通过 不通过				

图 6-16　审核论文页面

可以看到在图 6-16 中，可以按照"出版日期"进行双向排序，即单击按日期升序排序，再单击按照日期降序排序。同时包括了论文信息链接、查看被审核信息和删除等功能按钮，便于直接在查询页面进行其他操作，并可以看到分页信息。在图 6-16 中，在"GO"框中填入不超过总页数的数字，单击"GO"按钮即可跳转到对应页面，可以看到当页面为第一页时，底部只显示"下一页"和"尾页"的链接，当页面为非首页时，底部将显示"首页""上一页""下一页""尾页"等链接。在生成数据集后，通过设置分页参数，如记录集记录总数、每页记录数、每页第一条记录的序号等关键参数，通过数据集游标定位即可根据实际页面显示相应的记录集子集，同时相邻行颜色交替显示，当前记录突出显示。主要功能代码见下面的代码注释。

3. 信息添加

信息添加功能在多个模块中都有执行，如在教师模块可以实现各种科研材料的上传，上传后自动将信息添加到数据库中；在管理员模块，可以对系统数据进行添加等。此功能模块对应的类如数据库连接类、数据操作类等在多个系统模块中复用。

以下使用运行截图描述信息添加功能模块的实现。由于信息添加功能模块在各系统模块中复用，因此选用教师上传科研论文信息添加系统数据操作加以说明，其他系统模块中的信息添加操作与此完全类似，此处不再赘述。

教师正常登录后，单击"论文提交"按钮，则可在右侧显示栏中看到图 6-17 所示页面。

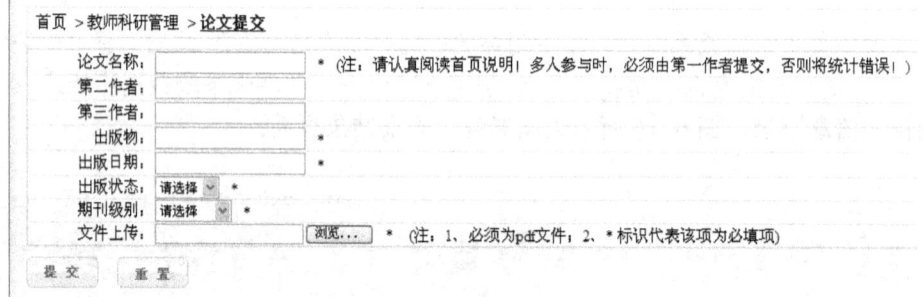

图 6-17　添加论文信息

在图 6-17 所示页面，教师可添加一个或多个论文信息。按照要求及格式在文本框中填好数据，其中后面带星号的文本框为必填项，选择的文件名必须与"论文名称"文本框中的内容一致，单击"提交"按钮即可，如填写不符合要求，将弹出相应错误提示对话框。单击图 6-17 中的"浏览"按钮后，出现图 6-18 所示对话框，选择文件确认上传成功后将出现上传成功提示框。

成果六　辽宁工程职业学院科研管理系统

图 6–18　上传文件

文件上传成功后教师可以单击论文查询按钮进行查询,如有错误,在论文没有补审核的前提下可以将材料删除后重新上传,原添加记录和文件将被彻底删除。信息添加功能模块中教师上传文件,并将数据写入数据库的主要功能代码见下面的代码注释。

4. 信息查询

信息查询功能模块的主要任务是为用户提供根据指定关键字查询满足条件的记录集,此功能模块对应的类如数据库连接类、数据查询类等在多个系统模块中复用。

在不同的系统模块中,查询模块根据当前系统模块所对应数据表的可查询字段定义查询方式。当用户提交查询时,服务器根据查询要求调用相应的系统类,并将相应的 SQL 查询语句送至数据库,数据库执行查询操作并返回查询结果,服务器将查询结果数据集通过动态网页传递给客户端,用户即可在客户端网页上浏览查询结果并进行操作,如针对单个记录进行修改或删除操作。

以下使用运行截图描述信息查询功能模块的实现。由于信息查询功能模块在各系统模块中复用,因此选用审核模块科研论文查询的相关内容对信息查询操作加以说明,其他系统模块中的信息查询操作与此完全类似,此处不再赘述。

审核员正常登录系统后,选择左侧导航栏中的论文审核,在右侧浏览栏的上部将看到图 6–19 所示的查询模块。在图 6–19 中,选择需要查询的字段,填写需要查询的关键字,单击"按条件检索"按钮,系统将进行查询并显示查询结果页面,如图 6–20 所示。在查询结果页面,如果记录数过多,系统显示分页模块以便浏览。

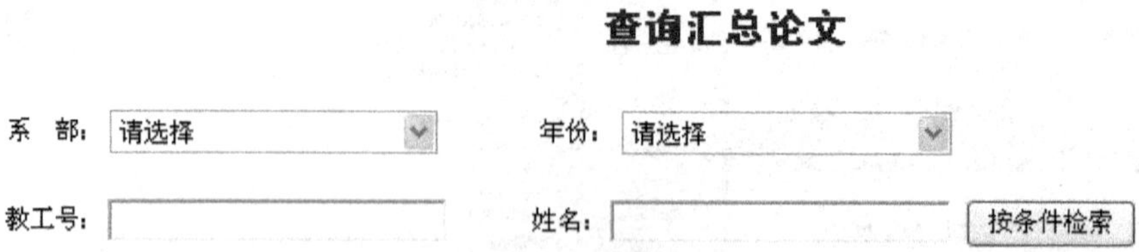
查询汇总论文
系 部：
请选择
年份：
请选择
教工号：
姓名：
按条件检索

图 6–19　查询条件

第6页　共52页258条记录　首页　上一页　下一页　尾页　6　GO

序号	第一作者教工号	第一作者	查看论文	出版物	出版日期	状态	期刊级别	审核信息	审核状态	第二作者教工号	第二作者	第三作者教工号	第三作者
26	0206	王诗琪	正确认识导数在函数单调性中的应用及导数与极限和连续的关系.pdf	《科海故事博览》	2014-02-21	已出版	其它	查看	未审核				
27	0602	张敬凯	基于Autolisp语言的Auto CAD中盘套类零件参数化设计	中文信息	2015-02-15	已检索	其它	查看	未审核				
28	0602	张敬凯	影响机械零件加工精度的主要因素及应对措施	工程技术	2015-12-15	已检索	其它	查看	未审核				
29	0602	张敬凯	试析人为因素对轴类零件加工质量的影响及预防措施	工程技术	2016-01-08	已出版	其它	查看	未审核				
30	0604	孙明月	我国高校德育的现状与对策研究	当代教育实践与教学研究	2016-03-10	已出版	其它	查看	未审核				

第6页　共52页258条记录　首页　上一页　下一页　尾页　6　GO

图 6–20　查询结果

查询页面接收提交的数据表名、查询方式及查询关键字，使用 SQL 语句在数据库中进行查询并生成数据集，前台页面呈现查询的数据集，如果数据集较大，可以采用分页方式进行呈现。主要功能代码见下面的代码注释。

5. 信息编辑修改

信息编辑修改功能在多个模块中都有执行，如在审核模块可以编辑签发审核意见、在管理员模块可以对系统数据进行修改等。此功能模块对应的类如数据库连接类、数据操作类等在多个系统模块中复用。

使用运行截图描述信息编辑修改功能模块的实现。由于信息编辑修改功能模块在各系统模块中复用，因此选用审核员签发审核信息编辑修改系统数据操作加以说明，其他系统模块中的信息添加操作与此完全类似，此处不再赘述。系统接收提交的记录编号及将由表单提交的字段内容赋予对应变量，然后使用 SQL 语句对数据库中相应表的对应记录执行更新操作。主要功能代码见下面的代码注释。

6. 信息（批量）删除

信息删除功能模块的主要任务是使用户可以针对输入错误的记录进行删除操

作，保持数据库记录的正确性，此功能模块对应的类如数据库连接类、数据操作类等在多个系统模块中复用。

用户在各个系统模块的浏览界面和查询结果的浏览界面中，如果要删除单条记录，可以单击记录最右侧的“删除”链接进行删除，删除操作执行后会弹出确认框，如果确认无误则单击“确认”按钮即可。

以下使用运行截图描述信息删除功能模块的实现。由于信息删除功能模块在各系统模块中复用，因此选用管理员模块的信息删除操作加以说明，其他系统模块中的信息删除操作与此完全类似，此处不再赘述。

管理员如果要在查询结果显示页面删除某条记录，可以在图 6–21 所示页面看到在某条记录所在行的右侧显示有“修改”和“删除”链接，管理员可以直接单击某条记录行右端的删除链接进行记录删除操作。

行编号	系部Id	系部名称	操作	删除
1	0	院领导	修改	删除
2	1	机械系	修改	删除
3	10	团委办公室	修改	删除
4	11	办公室	修改	删除
5	12	质管办	修改	删除
6	13	人事处	修改	删除
7	14	离退办	修改	删除
8	15	财务处	修改	删除
9	16	资产与设备管理处	修改	删除
10	17	总务处	修改	删除

下一页 末页

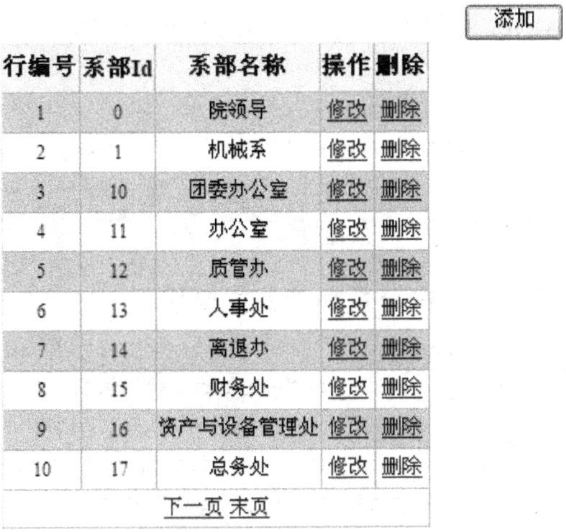

图 6–21 删除操作

单击“删除”链接后，系统将弹出图 6–22 所示的确认框，单击“确定”按钮确定删除记录，单击“取消”按钮取消删除操作。

图 6–22 确认“删除”对话框

进行删除记录操作后，系统将返回删除操作前的原页面，可以看到在重新生成的查询结果中，刚才进行删除操作的那条记录已不存在，即已从数据库中被删除。信息删除功能模块中进行删除的主要功能代码见下面的代码注释。

7. 部分功能代码

（1）用户登录验证功能模块的主要代码：

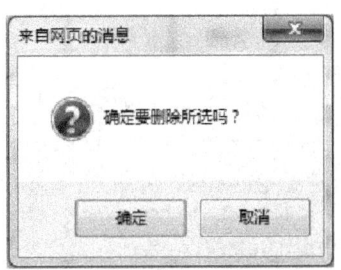

```
sql="Select count(*)from User_Info where User_id='"+userid+"'and User_role='"+role+"'";
    if(Convert.ToInt16(db.getSingle(sql))>0)
    {//验证用户输入的用户名、密码是否正确
sql="select count(*)from User_Info where User_id='"+userid+"'and User_password='"+userpwd+"'";
    if(Convert.ToInt16(db.getSingle(sql))>0)
    {//说明用户输入的密码是正确的
Session["userid"]=userid;
Session["username"]=db.getSingle("select User_name from User_Info where User_id='"+userid+"'");          Session["userRole"]=role;
    if(role== "教师")Response.Redirect("~/teacher/index.aspx");
    if(role== "审核员")Response.Redirect("~/checker/index.aspx");
    if(role== "管理员")Response.Redirect("~/admin/index.aspx");
    }
    Else Response.Write("<script>alert('用户密码不正确,请重新输入!');</script>");
    else {//说明用户名输入错误
    Response.Write("<script>alert('用户名不存在,请重新输入!');</script>");
    //txtUser_id .Focus();
    }
```

(2) 信息浏览功能模块中分页功能的主要代码：

```
<asp:GridView ID="GridView1" runat="server" AllowPaging="True"
AllowSorting="True"AutoGenerateColumns="False"
onpageindexchanging="GridView1_PageIndexChanging"
onrowcommand="GridView1_RowCommand" onrowdatabound="GridView1_RowDataBound"
onsorting="GridView1_Sorting" PageSize="5" style="text-align:center"
Width="1000px">
<PagerSettings FirstPageText="首页" LastPageText="尾页"
Mode="NumericFirstLast" NextPageText="下一页" PreviousPageText="上一页" />
<RowStyle BackColor="#82DFFB" Font-Size="10pt" Height="22px" />
<Columns>
</Columns>
<PagerStyle BackColor="White" />
<HeaderStyle BackColor="#BAFEF9" Font-Size="11pt" Height="28px" />
<AlternatingRowStyleBackColor="White"/>
</asp:GridView>
```

(3) 信息添加功能模块中教师上传文件并将数据写入数据库的主要代码：

```
if(typeName.Contains(extendName.ToLower()))
    {             HttpPostedFile hpf=fuPaper.PostedFile;
```

 辽宁工程职业学院科研管理系统

```
string path=Server.MapPath("./TeacherPaper");//实现上传
if(!Directory.Exists(path+"/"+userid))
{ Directory.CreateDirectory(path+"/"+userid);}
fuPaper.SaveAs(path+"/"+userid+"/"+fileName);
if(txtName.Text.Trim()!= fileNameNoextend)
{Response.Write("<script>alert('您上传的文件名与输入的论文名称不一致,请检查后再试!')</script>");return;}
}           Else
{sql="insert into Lunwen_Info(LName,LFA,LSA,LTA,LP,LPD,LS,Ljssite,LG,LCS,LL,TId,dId)values('"+ln+"','"+Session["username"].ToString()+"','"+lSA+"','"+lTA+"','"+lp+  "','"+ld+"','"+ls+"','"+jssite+"','"+lg+"','"+lcS+"','"+fName+"','"+Session["userid"].ToString()+"','"+ Session["dId"]+"')";
return;}}
```

(4) 信息查询功能模块的主要代码:

```
public string getSingle(string sql)
{   cmd=new SqlCommand(sql,conn);
string str="";
str=cmd.ExecuteScalar().ToString();
if(conn.State== ConnectionState.Open)
conn.Close();
return str;
}
```

(5) 编辑修改功能模块接收提交的修改信息并执行更新操作的主要代码:

```
protected void btnSave_Click(object sender,EventArgs e)
{string sno=txtSno.Text.Trim();
string sno1=txtSno.Text.Trim();
string sname=txtSname.Text.Trim();
string sql="";
//修改
sql=string.Format(@"update depart set departName='{0}' where departId='{1}'",sname,sno);
}
if(db.dbEdit(sql))
{
    //执行成功
    Jscript.Alert(Page,"保存系部信息成功");
    bindToGrid();
}
```

(6) 信息删除功能模块中进行删除的主要代码:

```
if(e.CommandName=="delInfo")
```

167

```
{stringsno=GridView1.DataKeys[Convert.ToInt16(e.CommandArgument.T
oString())].Value.ToString();
   string sql="delete from depart where departId='"+sno+"'";
   if(db.dbEdit(sql))
   { Jscript.Alert(Page,"删除系部信息成功");
      bindToGrid();
   }
   else
   { Jscript.Alert(Page,"删除系部信息失败");//删除失败
   }
}
```

成果七 在线选课系统

完成单位：辽宁建筑职业学院
完成人：孙 坤、宋 来、倪宝童、马 彪

一、项目背景

随着教学体制的不断改革，尤其是学分制、选课制的展开和深入，教务日常管理工作日趋繁重复杂。"选课"是现在高校教学管理工作中一项很重要的课题，而且是每个学期都必须要面对的问题。如何准确、高效地完成选课工作，便成为各大高校面临的很实际的问题。应用计算机对高校教务信息工作进行辅助，具有人工管理所无法比拟的优点。例如，检索迅速，查找方便，可靠性强，存储量大，保密性能好等。这些优点能够极大地提高教务工作的质量和效率，也是高校教务工作科学化、规范化、信息化管理的重要条件。因此，为了改变以往效率低下、工作流程烦琐，而且容易出错的原有人工选课模式，开发一套适合校情的网上选课系统便成为高校教务处的迫切需求。

此项目正是基于辽宁建筑职业学院教务处对选课系统的需求而开发完成的。主要目的就是利用网络实现教师开课的网络化，学生选课的网络化，使学生能够更加自主、便捷、准确地进行选课，教务管理部分能够准确、便捷地对选课过程及各项数据进行计算机管理，从而大大提高教务管理的效率，降低管理的成本。

二、需求描述

在线学生选课系统是管理员用来管理学生、教师、课程、教师授课、学生选课信息而开发的，所以其需求的功能是对学生、教师信息的所有操作，其中包括以下内容。

1. 管理员

在系统登录页面，管理员按系统初设的密码登录成功后，可进行以下操作。

（1）密码修改：通过输入正确的旧密码和新密码实现管理员自身登录密码的修改。

（2）设定选课时间：管理员在该页面输入正确的能设置选课开始时间和结束时间。

（3）教学楼信息管理：能添加和删除教学楼信息。

（4）教室信息管理：能添加和删除教室信息。

（5）教师信息管理：能添加和删除教师信息。

（6）学生信息管理：能添加和删除学生的注册信息。

（7）选课信息查询：能查询全部或按要求查询部分学生的选课信息。

2. 教师

（1）能对自己个人信息进行修改，能修改登录密码。

（2）能上传自己教授的课程信息。

3. 学生

（1）能对自己个人信息进行修改，能修改登录密码。

（2）能查看各可选课程的课程信息及任课教师信息。

（3）能进行网上选课，并可退选。

（4）能查看自己已选择的选修课程。

（5）能查看已选修过的课程。

三、性能分析

1. 实用性

该项目较好地满足了实际工作的需要，充分考虑教学管理部门、任课教师和学生选课数据处理的要求，把满足管理业务作为第一要素进行考虑，具有较高的实用性。

2. 可扩展性与可维护性

系统设计尽可能模块化、组件化，使应用系统可灵活配置，适应不同的情况。

系统在应用需求变化时，有一个较好的应用平台，能容易地加以调整。系统易于扩充升级，既能满足当前业务的需求，又为今后的扩充留有空间。

3. 安全可靠性

网站系统与数据库系统的设计尽可能做到安全可靠，防止非法用户的入侵。

4. 易用性

系统的设计充分考虑了用户的计算机水平，用户界面直观、明了、条理清晰，做到简单易用，使用户可以轻松地使用本系统完成选课及其他管理工作，实现"傻瓜型"管理——易学、易用、易管理。

四、系统构成

系统总体结构如图7-1所示。

（1）管理员功能，如图7-2所示。

（2）使用本系统的教师应具有的功能，如图7-3所示。

（3）使用本系统的学生应具有的功能，如图7-4所示。

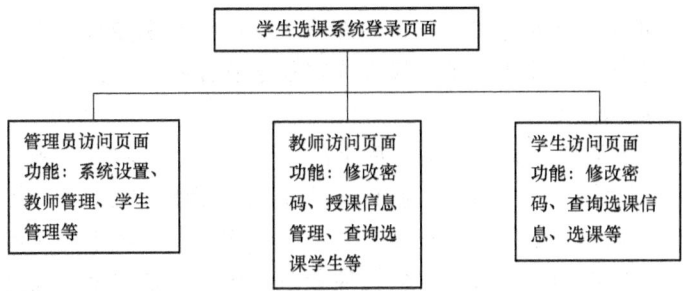

图 7-1 系统总体结构图

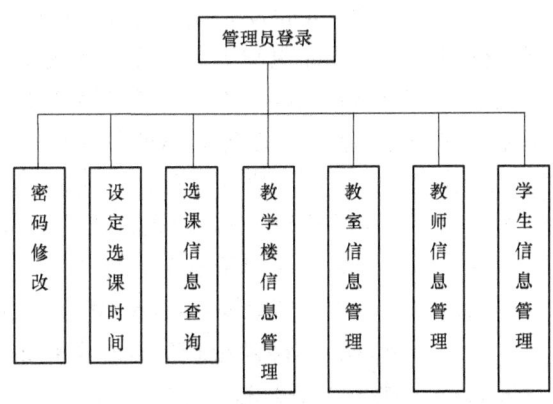

图 7-2 管理员功能

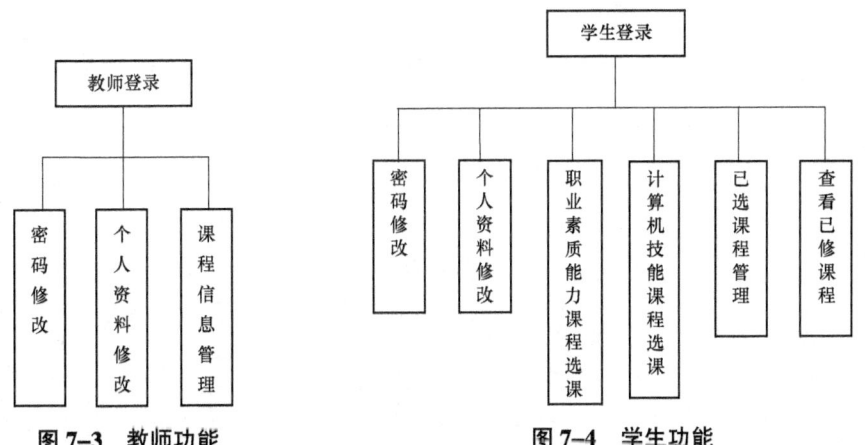

图 7-3 教师功能　　　　　　图 7-4 学生功能

五、设计思路

1. 系统结构的选择

系统在选用结构时，有 B/S、C/S、Smart Client（智能客户端）3 种可能的方案。它们各有各的优、缺点。考虑到本系统面向的对象主要是广大在校学生，采用 B/S 模式可以最方便地实现系统的部署，而系统并不涉及大量的运算，无须考虑服务端会超负荷，因此本系统最终决定采用 B/S 的方案。

2. 开发平台与技术

ASP.Net 是建立在公共语言运行库上的编程框架，可用于在服务器上生成功能强大的 Web 应用程序。与以前的 Web 开发模型相比，ASP.Net 提供了数个重要的优点：ASP.Net 框架补充了 Visual Studio 集成开发环境中的大量工具箱和设计器，WYSIWYG 编辑、拖放服务器控件和自动部署只是这个强大的工具所提供功能中的少数几种；ASP.Net 基于公共语言运行库，因此 Web 应用程序开发人员可以利用整个平台的威力和灵活性；ASP.Net 框架类库、消息处理和数据访问解决方案都可从 Web 无缝访问；ASP.Net 也与语言无关，所以可以选择最适合应用程序的语言开发应用程序；ASP.Net 在设计时考虑了可缩放性，增加了专门用于在聚集环境和多处理器环境中提高性能的功能。另外，进程受到 ASP.Net 运行库的密切监视和管理，以便当进程行为不正常（泄漏、死锁）时，可就地创建新进程，以帮助保持应用程序始终可用于处理请求；借助内置的 Windows 身份验证和基于每个应用程序的配置，可以保证应用程序是安全的。

数据库技术在信息管理中的作用日益重要。Microsoft SQL Server 是目前使用最广泛的数据库之一，它与 Windows 网络操作系统的无缝集成、智能化的内容管理、强大的功能，使它得到大量用户的喜爱。

基于上述考虑，本系统采用了 ASP.Net 与 SQL Server 技术结合，并以 Visual Studio 2008 作为开发环境。

成果八 基于化工原料定量混合控制系统的组态设计

完成单位：辽宁建筑职业学院

完成人：徐 凯、张越男

一、项目背景

随着工业自动化水平的迅速提高，计算机在工业领域的广泛应用，人们对工业自动化的要求越来越高，种类繁多的控制设备和过程监控装置在工业领域的应用，使得传统的工业控制软件已无法满足用户的各种需求。在开发传统工业控制软件时，当工业被控对象一旦有变动，就必须修改其控制系统的源程序，导致其开发周期长；已开发成功的工控软件又由于每个控制项目的不同而使其重复使用率很低，导致它的价格非常昂贵；在修改工控软件的源程序时，倘若原来的编程人员因工作变动而离去时，则必须同其他人员或新手进行源程序的修改，因而更是相当困难。通用工业自动化组态软件的出现为解决上述实际工程问题提供了一种崭新的方法，因为它能够很好地解决传统工业控制软件存在的种种问题，使用户能根据自己的控制对象和控制目的任意组态，完成最终的自动化控制工程。

二、主要功能

1. 系统管理

系统管理包含用户登录、用户管理、修改口令、用户注销、退出系统。

在用户管理中，为了更好地保证系统的安全性，设置了三级权限，分别是系统管理员、管理员、操作员。系统管理员具有系统管理的最高权限，同时可以分配管理员及操作员账号；管理员具有配方修改与录入、相关参数设置、报表导入及导出的权限；操作员具有配方选择、工作模式选择、半自动模式下配方设置、报警故障排除权限。

2. 生产过程监控

根据产品不同，组态中针对工作过程中涉及的构件进行数量分配。此模块中，为了提高系统的可视性,通过组态界面可以使用户实时观察整个生产的运行情况,如阀门开闭情况、控制泵运行情况、料位情况等。

3. 模式选择

在此模块中,用户可以根据实际情况进行自动生产或半自动生产的模式选择,同时也可以在状态栏实时监控每种原料的计量情况、总重量情况、控制泵的频率变化情况。为了使计量更加准确,在组态设计时加入了称重归零功能。

(1)在自动模式下,用户可以调用预先存储的配方,在用户无须进行任何修改的情况下,直接进行选取,系统则根据预先的设置完成整个生产过程,这种方式可以满足常态化的生产需求。

(2)在半自动模式下,用户需逐一选择原料进行计量,然后进行自动调和。此方式针对临时性的配方修改或偶发断电的情况,为保证生产的顺利进行而设计的。在此模式下,经过修改后的配方也可以进行储存,以备后续生产调用。

4. 参数设置

选择参数设置后,用户可对原料罐、计量罐和成品储罐液位情况、计量罐的停泵时间、搅拌罐搅拌时间、变频器的高低频率、阀门关延时间进行设定。

5. 历史报警

考虑到系统的安全运行,针对控制泵的运行、变频器的变频范围、原料罐及成品储罐的液位高度、计量罐的称重限度都作了报警参数的设定,保证了生产安全。

如果出现报警,会在每个界面的下方显示报警信息。进出历史报警界面,可以查看实时报警信息和历史报警信息,也可以查看操作员的登录信息。如果有报警信息,则界面报警指示灯闪烁,按下相应的故障或报警确认后,报警仍然存在,报警灯停止闪烁,这时报警对话框中的报警信息字体由红色变为蓝色,直到报警消除,报警对话框中的报警信息字体由蓝色变为绿色。

6. 报表管理

配方数据及报警记录等实时信息可以通过软件进行 Excel 导出,方便打印与传送。

本系统由上位机工控机、称重系统、液位高度测量系统、可编程控制器(PLC)、系统软件及相关传感器构成。在操作方面,计算机和控制柜可实现两地手动/自动自由切换操作控制,在生产状态下将具有运行指示、故障报警功能、数据自动备份及实时显示各种生产报表浏览和打印功能,具体环节可根据用户的不同要求设计制作。系统完备后也将具有良好的可扩展性和灵活性,便于后续工艺继续进行改良。

三、设计要求

（1）按工艺要求以一定顺序称重物料。称量精度：大计量罐称重误差不大于 3 kg；小计量罐称重误差不大于 0.5 kg。

（2）测量、显示各物料储罐、组合料储罐的液位。对各储罐液位上下限进行报警，并控制相关的泵、阀门。

（3）测量、显示各储罐和配料罐的温度。

（4）可在控制室或生产现场输入、修改和使用生产工艺配方。

（5）工艺配方可存储在计算机内供存档和查询。

（6）操作系统可进行远程全自动操作，也可切换为现场手动操作，在异常情况下保证生产连续进行。

（7）与公司 ERP 系统联网，可存储、输出物料的实时数量、累计消耗量，实现物料统计管理的自动化。

（8）高可靠性，在任何情况下保证产品配料的准确性和可靠性，不因特殊情况配错料、产生废料。

四、设计方案

（1）操作人员根据生产需要在人机界面或工控机计算机上选择或设定一定工艺配方，系统通过开启各个罐管路阀门把原料储罐中的化学原料用泵打入中间计量罐。

（2）投料管道采用气动球阀，通过 PLC 系统对电磁阀的通断电来实现气动球阀的开启和关闭，同时此系统能够在紧急情况下（如突然停电、停气等），将阀门自动切断，计量数据自动保存在 PLC 系统的断电保持数据寄存器内，恢复正常后计量数据为实时称重数据，不会造成错误，影响正常生产。

（3）系统采用的称重模块与台达 PLC 主机 CPU 可以通过指令读取称重传感器反馈来的重量值，此重量值与工艺配方里设定的投料重量不断进行比较，根据结果来对上料泵变频器的频率进行控制，在打料结束前设定时间内把管路内物料流量及压力降低，精确控制原料的重量。

（4）各种配方可以在人机界面或工控机系统进行存储，也可以根据生产产品的更换对配方进行修改，简单方便。

（5）物料打入配料罐后，搅拌釜自动进行搅拌一定设定时间，各种原料按配方依次加入后，搅拌一定时间，自循环一定时间，然后取样分析，合格后转入组合料罐备用。

（6）此系统具备远程（工控计算机、触摸屏）操作的同时，可以在远程控制系统故障情况下手动完成物料称量（此时重量值可以参考触摸屏重量值显示），开关泵和阀门来实现纯手动配料，保证生产零停机率。

图 8-1 所示为智能控制系统。

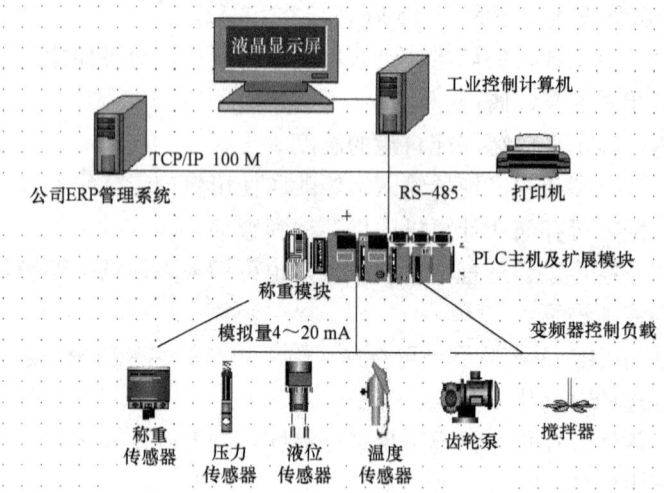

图 8-1　智能控制系统

成果九　考勤 APP（Android 端）

完成单位：辽宁建筑职业学院
完 成 人：朱　雷

一、项目背景

学生考勤系统中，多数还处于纸介质的考勤模式方式。实时性较差，统计工作较为麻烦。学校现有的考勤模式有其滞后性（一般是一周统计一次，费时费力），无实时性。学生签到、教师考勤 APP 可以及时地反映各个系部、班级的出勤情况，便于教师、学生管理人员随时查询以方便管理。

现在大多数同学和教师都有智能手机，利用手机进行考勤是一个趋势。为了实现考勤系统电子化，更为了考勤的实时性和易用性，开发了此项目——辽宁建筑职业学院学生签到、教师考勤 APP（Android 端），提高实时交互的效率，方便学生和教师、管理者使用。

辽宁建筑职业学院信息工程系、城建交通系的学生与教师在 2016 年 6 月起，对系统进行测试应用，效果较好。

二、需求分析

1. 签到、考勤

学生登录以后，可选择课程节次进行签到，签到数据存储到后台数据库中。学生每次课程签到只能签到一次。

教师端登录以后，选择授课节次后，可下拉刷新得到学生的考勤信息，并可修改学生的出勤，最后提交考勤结果并存储到数据库中。

教师提交考勤信息只能提交一次，班级为空不能提交。

签到、教师考勤是动态滚动显示自己的信息（姓名、系部、班级、时间、课程、节次等）。

2. 考勤查询

教师考勤 APP 使学生管理人员和教师可随时查询，做到实时了解本班、本系的学生出勤情况，方便学生管理，显示的结果可以触屏滚动显示。

教师 APP 可以根据日期、时间等对学生出勤状况进行查询。系部管理人员可根据日期等进行查询本系部的考勤情况。

教师查询有权限设置，本系部只能查询本系部的学生考勤信息，班主任只能查询本班的考勤信息,任课教师只能查询自己授课的考勤信息。

3. 其他操作

支持自动登录、退出登录、修改密码等基本操作,后退键退出操作。自动登录时有闪屏界面,显示我校的校门。

4. 考勤 APP 支持左右滑屏操作和点击操作

系统采用 ViewPager 和 ActionBar 实现操作。

5. 数据库

使用 MySQL 数据库。数据库的构成有系部表、班级表、学生表、教师表、教授课程表、学生登录表、教师提交考勤表等。

6. JSP 文件

对数据库访问的中间层,读取、存储记录等操作。利用 Prepared Statement 批量处理事务,实现数据表的操作。

7. 学生登录 APP

学生登录、签到,通过 JSP 页面实现访问系部表、班级表、学生表、学生登录表。利用 JSP 内置的 Request 对象实现。该对象代表了客户端的请求信息,主要用于接受通过 HTTP 协议传送到服务器的数据。

8. 教师考勤 APP

通过 JSP 实现访问班级表、教师表、教授课程表、学生登录表、教师提交考勤表。也是利用 JSP 内置的 Request 对象实现。

9. 数据交互

应用 HTTP 协议进行数据交互传递,JSP 返回的数据利用 Json 格式传递,利用 Gson 解析,Gson 是 Google 解析 Json 的一个开源框架。

10. 反应速度

学生签到和教师考勤的响应时间不大于 0.6 s,系统要运行流畅,方便用户使用。

三、架构设计

1. 本系统的架构为数据库端采用 MySQL

MySQL 是最流行的关系型数据库管理系统之一,在 Web 应用方面,MySQL 是最好的 RDBMS 应用软件。

2. 后台为 Tomcat、JSP 实现

Tomcat 是 Apache 软件基金会项目中的一个核心项目,因为技术先进、性能稳定,而且免费,因而深受 Java 爱好者的喜爱,并得到了部分软件开发商的认可,成为目前比较流行的 Web 应用服务器。

JSP 具备了 Java 技术的简单易用,完全地面向对象,具有平台无关性且安全可靠,主要面向因特网的所有节点。

 成果九　考勤 APP（Android 端）

3. 前端为 Android 手机

在优势方面，Android 平台首先就是其开发性，开发的平台允许任何移动终端厂商加入 Android 联盟中来。显著的开放性可以使其拥有更多的开发者，随着用户和应用的日益丰富，一个崭新的平台将很快走向成熟。

4. 主要采用技术为 HTTP、Json 实现

HTTP 是一个客户端和服务器端请求和应答的标准。客户端是终端用户，服务器端是网站。通过使用 Web 浏览器或者其他工具，客户端发起一个到服务器上指定端口的 HTTP 请求。

Json 是一种轻量级的数据交换格式。简洁和清晰的层次结构使得 Json 成为理想的数据交换语言，易于人阅读和编写，同时也易于机器解析和生成，并可有效地提升网络传输效率。